처용논쟁

처용논쟁

Jin Kim: Streiten um den Cheoyong-Mythos

김진 지음

UUP

2008

처용논쟁

2008년 5월 15일 1판 1쇄 인쇄
2008년 5월 23일 1판 1쇄 발행

지은이 : 김　　진
발행인 : 정 정 길
편집인 : 박 삼 수
발행처 : UUP (울산대학교출판부)
689-749 울산광역시 남구 무거동 산29번지
☎ 052-259-2488 Fax 052-227-3011
등록 제370-1996-000001호

ISBN 978-89-7868-099-8

값 5,000원

※ 이 도서의 국립중앙도서관 출판시도서목록(CIP)은 e-CIP 홈페이지(http://www.nl.go.kr/ecip)에서 이용하실 수 있습니다.
(CIP제어번호 : CIP2008001410)
※ 홈페이지: http://uup.ulsan.ac.kr

서문

처용설화는 우리민족에게 매우 중요한 문화유산이다. 고대 신라왕조의 풍속과 정치 세태를 간파할 수 있게 할 뿐만 아니라 어학적, 문학적 가치가 높은 고귀한 자료임이 분명하다. 처용설화에서 처용무를 중심으로 하는 나례가 행해지기도 하였으며, 울산시에서는 처용문화제를 대표축제로 기념하고 있다.

처용설화의 사료적, 문화적 중요성에도 불구하고 이 설화에 대한 지금까지의 해석은 너무나 교조적이어서 처용사건에 대한 진실을 왜곡하는 측면이 있었다. 처용설화에서 관용과 화합의 정신을 도출하려는 해석이 바로 그것이다. 이러한 해석은 지금까지도 정설인 것처럼 받아들여지고 있으며, 특히 처용문화제에 이권을 두고 있는 일부 인사들은 결코 물러설 수 없는 마지막 보루로 생각하는 경향이 있다.

그러나 이와 같은 태도는 바람직한 것이 아니다. 처용설화의 학술적 가치가 높다는 이유만으로 처용사건의 진실을 밝히려는 노력을 일방적으로 매도하는 것은 적절하지 않다. 처용설화에 대한 논문이 수백편이라고들 한다. 그러나 처용사건의 진실은 아직도 베일에 가려져 있다. 적극적인 해석이 방해받고 있기 때문이다. 그 중에서도 가장 큰 우려는 고대 신라의 역사를 연구하는 학자들에 대하여 특정 문중세력이 지나칠 정도의 압박을 가하여 연구결과를 발표하지 못하게 하거나 번복하도록 종용하는 데 있다. 대한민국의 헌법에는 분명히 학문의 자유가 보장되고 있지만 헌법보다 더 강한 것이 작동되고 있다. 신라고대사 연구자들이 가장 곤혹스럽게 여기고 있는 것이 바로 이 부분이다.

그런데 필자로서는 학자들에게 압박을 가하는 사람들의 행태보다 그런 압박에 침묵하는 우리나라 학자들이 더 많은 문제를 가지고 있다고 본다. 순전히 개인의 문제로 돌리면서 애써 외면하려는 그 태도는 역사적 진리를 찾아나서야 할 학자들의 학문적 태도가 아니기 때문이다. 이미 상당수의 학자들이 외부의 압박으로 고초를 겪고 있음에도 불구하고 관련 학계가 침묵으로 일관해 온 것은 바로 자신의 부인을 역신에게 빼앗기고 뒤로 물러서는 처용의 태도와 다르지 않다고 생각한다.

필자는 이 책에서 처용에 대한 환상을 깨뜨리고자 한다. 처용은 관용과 화합의 인물도 아니고 더더구나 신적인 존재도 아니라는 것이다. 처용설화의 베일을 벗길 필요가 있다. 처용의 비밀은 더 이상 종교적인 것이 아니다. 그것은 신라왕실의 성 풍속도와 얽힌 정치세력들 간의 알력과 야합의 산물이다. 물론 처용설화는 어디까지나 설화이기 때문에 일방적인 해석은 지양해야 할 것이라는 주장은 마지막까지도 설득력을 가질 수 있다. 그러나 그 때문에 처용설화의 진지한 해석 가능성을 차단해서는 안 된다. 또한 동시에 처용설화의 역사적 구성을 위한 논의 자체를 무의미한 것으로 치부해서는 더더욱 곤란하다.

신화나 설화는 특정한 부분만큼 역사소를 가지고 있다. 설화가 전승되는 것은 그만한 까닭이 있기 때문이다. 이야기는 역사적 사실을 전제하거나 그것을 유비적으로 노래한 경우가 많다. 그러므로 처용설화 역시 그 사건에 부합되는 역사적 사실이 있다고 생각할 근거는 충분하다. 여기에서 우리는 그 근거를 찾아 나서는 사람들에게 실마리를 제공하고자 한다.

이 책은 그 동안 필자가 처용해석과 관련하여 작성하였던 강의안, 기고문, 발표 논문들을 한 데 모은 것이다. 주로 시민들에 대한 계몽을 목표로 쓴 까닭에 내용상 중복되는 부분이 있더라도 양해하기 바란다. 글 자체가 논쟁적 성격을 띠고 있을 뿐만 아니라 실제로 학술논쟁의 산물인 까닭에 그 제목을 '처용논쟁'으로 붙여 보았다. 이 책은 전문가들에게 신화해석학의 기본을 다시 반성할 수 있게 하는 계기가 될 것이고, 일반인과 학생들에게는 처용설화에 대한 진면목에 대하여 접근할 수 있는 기회를 제공할 것이다. 특히 비판적 사고와 논술 훈련이 필요한 학생들은 정독해 줄 것을 당부하고 싶다.

2008년 5월 8일

울산대학교 무거동 연구실에서

김 진

차례

처용문화제, 이대로 둘 것인가?[1)]

1. 『삼국유사』의 처용설화에 나오는 키워드

제49대 헌강대왕憲康大王
구름과 안개, 동해 용의 변괴, 개운포開雲浦, 동해 용왕의 아들
처용處容, 미녀를 아내로 삼게 함, 급간級干 벼슬 하사, 역신疫神과의 통간,
처용의 태도와 처방
망해사望海寺 건립
『삼국유사』(권2, 紀異 제2)

처용설화의 해석학적 지평에 들어오는 것은 우선 왕권과 그에 대한 도전세력이다. 현상적으로는 두 세력이 대립적으로 갈등하면서 새로운 화합을 추구하는 것처럼 보인다. 여기에는 일연선사의 저항사상과 사찰 연기사상을 근거로 하는 불교적 유토피아론이라는 복선도 깔려 있다. 그러나 지금까지 거의 논의되지 않았던 외설에 대한 역사적, 사실적 근거는 새로운 관점에서 검토할 필요가 있다.

---

1) 이는 2006년 10월 30일 울산 동천체육관에서 개최된 울산시기독교단체연합대회에서 행한 강연원고이다.

2. 처용설화의 출처

처용설화의 가장 중요한 전거는 『삼국유사』와 『삼국사기』이다. 『삼국유사』는 1281년경 일연스님에 의하여 저술되었다.[2] 이 설화에서 용왕의 아들 처용은 헌강왕에 의하여 발탁되었으며, 아름다운 부인의 간통 현장을 직접 목격하고서도 관용을 베풀어 역신으로 하여금 탄복하게 했던 사람으로 그려지고 있다. 처용의 얼굴이 부적符籍으로서 효험을 가지게 된 사실에서 벽사진경의 종교사상과 불교 사찰의 건립에 따른 불사연기佛寺緣起 사상이 특징적인 것으로 부각된다. 『삼국유사』의 저자인 일연은 승려였기 때문에 처용을 주로 불교적 (때로는 무속적) 시각에서 그리고자 하였다.

그보다 140여 년 전에 김부식에 의하여 『삼국사기』(1145년)가 저술되었다. 김부식은 처용 사건을 설화가 아닌 하나의 역사적 사실로 기술하고 있다.[3] 즉, 헌강왕 5년(879년) 3월에 왕이 나라의 동쪽지방의 군郡으로 순행하는데 알지 못하는 종자 4명이 어전에 나타나서 노래하고 춤을 추었으며, 그 모양이 괴상하고 의관도 달랐으므로 산해정령山海精靈이라고 불렀다는 것이다. 김부식은 각주에서 『고기古記』를 인용하여 왕이 즉위한 해에 이들이 출현했다(小註: 古記謂王卽位元年事)는 구체적인 사실을 보고하고 있다. 『고기』는 이규보의 『동명왕편』에 소개된 『구삼국사舊三國史』의 「신라본기」일 것이라고 추정되기도 한다. 그러나 그들의 무리가 처용이라는 단정적인 기록은 보이지 않는다.

---

2) 일연, 『삼국유사』, 김원중 역, 을유문화사 2002, 186-188쪽.
3) 김부식, 『삼국사기』, 권11, 신라본기, 헌강왕 5년 春三月條.

3. 처용의 정체

① 불교의 용신사상龍神思想이나 용신앙龍信仰으로 보는 관점이 있다. 학자들에 따라서 처용을 용왕(김사엽), 호국룡(황패강), 화랑(김종우, 장덕순) 등으로 규정한다.

② 무속신앙으로 보는 관점이 있다. 차차웅次次雄설(서정범), 무격설(이능화, 김동욱), 주술신화설(김열규) 등이 있다.

③ 한사상으로 보는 관점이다. 단군조선 시대의 제왕이었던 치융, 제융의 변용(양주동)으로 본다.

④ 중앙귀족과 지방호족의 알력으로 보는 관점이 있다. 처용을 호족 자제(이우성), 또는 민중(김성)으로 해석한다.

⑤ 외래인으로 보는 관점이다. 처處는 '살 처', '곳 처', '정할 처' 등이고, 용容은 용납할 용, 용서할 용, 안존할 용, 얼굴 용, 모양 용 등의 자의字意에 따라서 '입주'入住가 허용許容된 사람'을 뜻한다(이용범). 무함마드 깐수(정수일)는 『신라·서역교류사』(단국대학교출판부 1992)에서 아랍인이라고 보았다.

4. 처용의 서역도래설

① 자료적 근거: 『삼국사기』에서는 헌강왕의 앞에 나타난 네 명의 사람들이 낯선 옷을 걸친 괴상한 얼굴을 가졌다고 기술하고 있다. 1481년에 편찬된 전50권의 『동국여지승람』 중 권22(蔚山郡 山川)와 우리나라 최고最古의 지리지인 『경상도지리지慶尙道地理志』 울산군 편에서 처용이 벽해碧海에서 왔다고 기술하고 있다. 당말唐末의 전역錢易이 쓴 책 『남부신서南部新書』에는 이

상한 성씨를 가진 색목인色目人, 즉 파란 눈을 가진 서역인이 등용된 사실을 보고하고 있다.

② 설화적 근거: 울산의 해룡전설海龍傳說 또는 황룡연黃龍淵 전설(자장율사와 문수보살의 태화사) 등 용사상과 연관된다.

③ 문화교류적 근거: 중세 아랍 지리학자 이븐 쿠르다지바의 학설에 의하면 8~13세기 중엽 지중해에서 인도양을 거쳐 태평양 서안까지를 활동무대로 삼았던 압바스조 이슬람제국이 신라로부터 검(銀粧刀), 명주(絹布), 도자기 등을 수입하였다.

④ 서역인일 경우에 아랍인 이외에 유대인 또는 기독교인일 가능성도 배제할 수 없다.

단군조선시대의 치융황제의 화신(한사상), 차차웅(무속), 용신앙(불교), 서역인일 경우에는 이슬람 또는 기독교 신자일 가능성도 배제할 수 없다. 물론 처용설화는 주로 무속신앙과 연결되어 있다. 하지만 그것은 보기에 따라서 모든 종교와 연계될 수 있는 개연성이 있다. 그러므로 처용설화 및 처용문화제의 문제를 특정 종교의 이해관계로 접근하는 것보다는, 설화의 모티브가 과연 산업수도 울산시민의 정체성 구현에 적합한가, 그리고 현대를 사는 우리 시민들이 보편적으로 추구해야 할 가치지향이 될 수 있는가를 살피는 것이 중요하다고 본다.

5. 불륜을 보는 처용의 시각

처용설화에서 가장 이해하기 어려운 부분은 처용이 자기 아내의 불륜현장을 지켜보면서도 강력하게 대처하지 않았다는 사실이다. 우리는 처용의 이러한 태도를 관용이라고 말하고 있지만,

그것은 상식적으로 볼 때 적절한 평가라고 할 수 없다. 처용이 지켜볼 수밖에 없었다면 그런 상황은 도대체 어떤 경우일까?

① 혈족단체 안에서의 난혼Promiskuität, 족내혼Endogamie 등과 같은 성공동체의 경우라면 가능할 것이다.

② 모권Muterrecht이 주도적인 모계사회일 경우에 가능할 것이다. 한 여자가 다수의 남편을 거느릴 수 있으므로 처용이 물러서더라도 이해할 수 있다.

③ 복혼複婚 polygamy, 특히 일처다부제polyandry와 일부다처제 polygyny인 경우에 이러한 현상이 일어날 수 있다.

④ 마지막으로 신라왕실의 독특한 성풍속, 특히 마복자摩腹子와 색공色供제도일 경우에 가능하다. 왕 또는 그에 준하는 권력자가 처용의 부인을 범했다고 가정할 경우에는 처용의 태도를 납득할 수 있다. 그렇다면 처용설화에서 관용과 화합정신을 도출하는 것 자체가 우스운 일이 될 것이다.

6. 처용제 및 울산시 로고의 문제

① 처용설화 자체의 문학적, 종교적 의미를 부정하는 것이 아니다. 지금까지의 처용설화에 대한 해석은 무속적, 불교적인 경향성이 주도적이었다. 이는 종교다원화 시대인 현대사회의 가치정서와 부합되지 않는다는 문제를 안고 있다.

② 처용설화의 모티브가 산업수도 울산의 대표축제나 이미지 브랜드로서 적합한 것인지, 그리고 울산시민들이 추구해야 할 궁극적 가치로서 적절한 지를 비판적으로 검토해야 한다. 처용의 출처근거가 불분명하고, 설화에서 추상화한 관용정신이 성적

으로 일탈된 울산사회의 현재 모습을 희화화하는 것처럼 보일 수도 있어서 교육적으로나 정신건강상 유해할 수 있다(고대 신라 왕실의 마복자 및 색공제도의 찬양·계승으로 비쳐질 수 있다).

③ 울산시의 로고 등에도 처용설화의 용 사상龍思想이 반영되어 있다. 용에 대한 관념은 동양과 서양에서 정 반대로 해석되고 있으며, 특히 기독교인들은 부정적인 생각을 가질 수 있다. 산업수도 울산시의 정체성을 여실히 드러내고 있는 대표축제와 시 로고 등은 특정 종교의 사상을 반영해서는 안 되며 성별, 직업별, 종교별 차이를 넘어서는 가치중립적인 이미지로 교체되어야 마땅할 것이다.

7. 대안적 가치의 모색

울산을 대표하는 새로운 이미지는 반구대의 암각화, 천전리 각석에 나타난 장인정신과 미학적 추상 정신을 계승하면서, 60년대 이후 산업화 과정에서 울산공업단지가 국가경제발전에 주도적인 역할을 하게 되었던 산업수도로서의 위상을 돋보이게 하는 동시에, 태화강 살리기 및 동해바다와 고래 등의 친환경적 지속 이념을 망라할 수 있어야 한다.

새로운 축제의 모델은 부산 국제영화제와 광주 비엔날레 등 국제적 규모를 가질 수 있어야 하며 울산지역의 정체성과도 연계될 수 있는 생산적인 성격을 가져야 할 것이다. 자동차, 선박 등 제조업 분야의 지속 발전을 지원하는 측면에서 국제모터쇼, 국제선박페스티벌, 국제산업디자인대전 등을 포함할 수 있을 것이다. (2006.10.30)

처용문화제의 축제적 한계[4)]

서영수 사무국장(부산문화관광축제조직위원회)은 축제의 의미와 기능, 현행 축제의 한계와 문제점, 그리고 문화산업으로서의 지역축제의 요건 등에 대하여 상론하고 있으며, 부산시의 경우를 예로 들어 설명하고 있다. 따라서 이 글에서는 발제자의 지적과 제안들이 울산시의 축제문화 및 정책에 적용될 수 있는가를 검토하는 동시에, 울산시의 대표축제인 처용문화제의 역할과 한계를 비판적으로 조망함으로써 현대적인 관점에서의 문화정책 및 문화비전에 부응하고 있는 가를 중점적으로 점검하고자 한다.

1. 축제에 대하여

고대 그리스어로 축제das Fest, heorte, ἑορτή는 근원적으로 '신에 대한 사랑을 보여주는 것'Liebeserweis an die Gottheit을 의미한다. 이는 종교적 제의행위Kultus와 깊은 연관을 가지며, 그리스인들에게 축제 기간은 신성한 시간으로 인식되었다. 따라서 축제란

4) 본 논문은 2006년 11월 30일, 울산 상공회의소에서 열린 "처용문화제 및 울산 지역 축제 활성화를 토론회"에서 서영수의 발제문 「문화산업으로서의 지역축제연구」에 대한 토론문으로 작성된 것이다.

삶의 역경으로부터 일시적으로 벗어나서 신을 만나서 찬양하고 하나가 되는 사건 자체를 뜻한다. 또한 우리는 축제의 어원을 라틴어의 페리아에feriae와 페스투스festus에서 찾을 수 있다. 이것은 물질적 관심에 기반을 두고 있는 인간 활동의 세속적 측면을 철저하게 배제하는 것을 뜻한다.

그러나 엄숙하고 신성하고 진지하게 치러지는 봉헌은 곧 몰입의 즐거움과 긴장과 감격으로 이어져서 결국에는 황홀상태로 귀결된다는 사실에서 본질적으로 놀이와 같은 것으로 인식되기 시작하였다. 제사와 놀이의 일치는 이미 플라톤의 철학에서 확인할 수 있다(『법률』 7, 803). 플라톤의 경우에 놀이는 신성한 것 그 자체와 같은 것으로 간주된다.

이러한 변형을 통하여 축제는 놀이의 의미를 갖게 되었다. 독일의 민속학자 레오 프로베니우스Leo Frobenius는 놀이를 우주적 사건이나 자연적 사건에 사로잡히는 현상이라고 규정하였다. 이를 발전시켜서 네덜란드 출신의 문화사학자 호이징하(Johan Huizinga 1872~1942)는 축제를 인간의 유희적 속성의 표현으로 보았으며, 이로부터 '놀이하는 인간'(*homo ludens*, 1938)이라는 말을 만들어냈다. 미국의 신학자 하비 콕스H. Cox 역시 그의 저서 『바보제』(*The feast of fools*, 1969)에서 '억압되었던 감정표현이 사회적으로 허용된 기회'가 축제를 통하여 주어진다고 보았다.

호이징하는 『중세의 가을』(*Das Herbst des Mittelalters*, 1919)이라는 책에서 꿈과 놀이를 문화의 적극적인 요소로 평가한다. 그에 의하면 '보다 아름다운 인생에의 동경'에 이르는 제1의 길은 '세계에 대한 거부'이다. 이것은 일체의 지상적인 것으로부터의 탈출, 즉 해탈을 말한다. 위대한 문명들은 모두 이 길을 따랐으며,

불교와 기독교 모두 이에 해당된다. 제2의 길은 '정치적 사회적 제도를 개선하고 개혁하려는 의식적인 노력'의 길이다. 모든 사회혁명과 해방운동이 이에 속한다. 제3의 길은 가장 쉬우면서도 허구적인 '꿈의 길'이다.

현실은 너무나 비참하고 세계를 거부하는 일도 너무 어렵다. 그래서 인류는 꿈같은 과거의 행복과 영웅주의와 자연 속에 묻혀 사는 미덕에 시선을 돌리게 된 것이다. 이것은 또한 인생의 모든 형식을 예술로 변용시키는 것으로서 문화사에 해당된다. '문화에서의 놀이 요소'가 바로 제3의 길, 즉 몽환의 길인 것이다(제2장 참조).

이상에서 볼 때 축제란 신성한 것, 거룩한 것과의 만남이 이루어질 수 있어야 하고, 그 가운데서 기쁨과 희열을 느낄 수 있어야 한다. 가장 이상적인 축제는 꿈속에서의 놀이와 같은 것이어야 한다. 그 꿈에서 우리는 세상을 거부할 수도 있고 근본적으로 변화시킬 수도 있다. 아니면 그 꿈속에서 일상을 정지시킬 수도 있는 것이다. 그와 같은 꿈의 놀이는 그 자체로서 우리들의 삶의 형식을 규정하는 문화이자 문화사가 되는 것이다. 그리고 이를 통하여 꿈은 다시 우리의 현실이 된다. 축제는 신성한 제사이면서 일상을 정지시키는 거룩한 일탈이다. 축제는 우리에게 자유와 해방과 환희와 황홀을 가져다준다. 그 거룩한 일탈과 황홀의 방황은 삶의 활력소에 다름 아니다.

우리나라에서 축제문화의 기원 역시 고대국가의 제의에서 찾을 수 있다. 부여의 제천의식이었던 영고迎鼓와 고구려의 제천 및 추수감사제로서의 동명東明 또는 동맹東盟, 그리고 예의 무천舞天 등이 이에 속한다. 현대 한국사회에서의 축제는 군부독재

정권의 영향 속에서 획일적이고 경직된 방향에서 “관제 이데올로기의 선전장”(서영수)으로 전락하였으나, 1970년대에 산업형 축제가 생겨나기 시작하였고, 1980년 이후 민주주의의 진전으로 자생적인 축제문화가 형성되기 시작하였다. 88올림픽 이후 문화산업에 대한 인식이 달라졌으며, 90년대 중반 지방자치제도의 도입으로 민선 자치단체장들이 축제의 사회정치적 효용성(주민화합 및 지역홍보)에 기대어 지역축제를 활성화함으로써 1천여 개의 축제가 진행되고 있다. 이와 함께 문화학, 문화컨텐츠학, 문화정책 및 예술경영 등에 대한 관심도 고조되고 있는 것이 사실이다.

2. 지역축제의 현황과 문제점

발제자는 부산시가 ‘국제영화제’ 등 성공적 사례가 있음에도 불구하고 60여개에 달하는 지역축제들이 여러 가지 문제들을 야기하고 있다고 지적한다.

첫째로 “지역축제의 정체성 부재와 특성화 실패”를 들고 있다. 지역축제들, 그리고 특히 그 지역의 대표축제가 지역사회의 문화적, 역사적 정체성을 반영하고 있어야만 주민들의 일체감에 호소하여 감성적 지지를 얻어낼 수 있다. 대표축제가 지향하는 가치는 보편적이고 일반적인 것이어야 한다.

둘째로 “관과 관변단체들이 주도하는 주민화합행사”에 그치는 경우가 많다는 것이다. 이러한 경향성은 민선 자치단체장들이 토착적인 유대관계가 강한 친위그룹들로 하여금 축제업무를 전담시킴으로써 생겨나는 현상이다. 따라서 지역축제는 폐쇄적으로 운영되어 주민 참여가 제한되고 있어서, 언제나 소비적이고 소모적인 "그들만의 잔치"로 그칠 수밖에 없는 태생적 한계를 안고 있다. 특히 폐쇄적인 의사소통 구조는 모든 민주적 의사결정 자체를 무력하게 만들고 있다.

셋째로 "규모의 영세성, 홍보 및 마켓팅 전략의 부재, 디지털 마인드와 문화콘텐츠 부재, 평가시스템의 부실 및 부재" 등을 들 수 있다. 제각각 운영되는 축제들은 일반적으로 열악한 예산 및 재정 문제, 단기적인 성과에 집착하는 이벤트 행사, 단기적인 영업이익을 노리는 이벤트 업체들과 그 배후에 있는 관변 토착 유지들의 야합 등으로 인하여 실패할 수밖에 없다.

지역축제를 실패로 이끄는 이런 요인들에 대한 지적은 매우 구체적이고 현실적인 것으로 판단되며, 필자는 우리 울산지역의 축제들에도 해당되는 문제점일 것이라고 생각한다. 울산의 대표 축제인 처용문화제의 경우 역시 지금까지 이와 비슷한 문제점들이 제기되어 왔으며, 이번 토론회 역시 그런 연장선상에서 준비되었을 것이다. 처용제는 7억원의 예산을 운용하고 있으며 울산시 조례규정에 의하여 예산지원의 계속성을 확보하고 있음에도 불구하고, 처용이라는 모티브가 울산시민들의 정체성에 부합될 수 있는지에 대한 논란이 계속되고 있으며, 처용문화제 유관 인사들의 전문성 시비, 시민들의 참여 결여, 비생산적 소비형 프로그램의 잡화점식 나열 등의 문제점들을 노정하고 있다. 이 중에서도 필자는 처용제의 정체성 시비가 울산시의 대표축제로서의 성패를 가름하는 가장 결정적이고도 본질적인 요인이라고 보고 있기 때문에 이 점에 주목하고자 한다.

처용문화제의 정체성 시비에도 불구하고 그 이름에 애착을 갖고 있는 인사들이 적지 않은 것 같다. 이들이 강조하는 것은 처용가의 문학적 위상과 그 속에 나타난 관용정신, 그리고 그 동안 울산의 도시이미지로 굳혀 온 브랜드적 가치 등이다. 실제로 이들은 주로 어문학적, 민속학적, 역사학적, 종교학적 관점에서 이루어진 처용설화 및 처용가에 대한 기존의 연구성과를 전제하고 있어서 설득력을 가지고 있는 것처럼 보일 수 있다.[1] 그러나 이러한 연구결과들은 처용설화 전모를 조망한 것이 아니며, 심지어 가장 중요하고 본질적인 부분들에 대한 해석을 간과하고 있다. 그것은 바로 처용제의 정체성 논란의 핵심이 되고 있는 부분, 즉 처용의 부인과 역신의 간통 현장에 대한 적나라한 묘사에 대한 해석상의 문제이다. 일부 학자들이 이를 무속신앙에서의 접신 현상으로 해석하고 있지만 전후 문맥을 살펴볼 경우에 그런 설명은 자가당착적일 수밖에 없다. 처용 사건에서 성담론적 접근방식을 기피하고 있는 이유는 무엇인가? 이 부분에 대한 명쾌한 해석이 드러나지 않는 이상 처용 지지자들이 주장하는 관용정신 등의 이데올로기는 왜곡된 것일 수도 있다.

3. 처용설화와 울산시민의 정체성 위기

'처용문화제'라는 명칭을 반대하는 사람들은 현재 울산지역의 물상화된 문화의식이 처용설화와 닮은꼴이며, 자녀들에게 처용이라는 사람에 대한 인물과 인간적 가치를 설명하기가 쉽지 않

1) 고 주영돈 선생의 지원으로 7권으로 간행된 『처용연구전집』(처용간행위원회 편, 도서출판 역락, 서울 2005)에서는 어학적, 문학적, 민속학적 연구성과들과 종합적 연구토론이 소개되고 있다.

다는 점을 들고 있다. 자기 부인과 불륜을 저지른 대상에 대하여 관용을 베푼 훌륭한 사람이기 때문에 울산시의 대표축제 브랜드로 선정했다고 이야기할 수는 없기 때문이다. 울산시는 1970년대 이후 급격한 공업화를 통하여 경제성장을 이루어냄으로써 물질적인 풍요를 누리고 있는 반면에, 자연과 정신의 피폐화는 물론이고, 성적으로 문란하고 이혼율이 상대적으로 높은 도시로 지목되기도 한다. 처용문화제는 울산시민들에게 불유쾌한 잠재의식으로 남아있던 처용의 모티브에 정당성을 부여함으로써 생생한 의식의 현장으로 이끌어내는 역할을 하고 있는 것이다. 시민들에게 성적 일탈을 부추기는 꼴이다.

처용설화는 그 자체로 문학적, 예술적 가치를 가지고 있다. 그러나 처용설화를 울산시민들 모두가 추구해야 할 가치로 승화시키는 것은 문제가 있다고 본다. 처용문화제는 "역동의 산업수도 푸른 울산"을 지향하는 울산시민들의 궁극적 가치를 반영하고 구현할 수 있는 축제가 아니다. 지금까지도 정체가 규명되지 않고 있는 처용의 인물, 그리고 처용가 속에 나타난 불륜 사실에 대한 부정적 이미지가 울산시민이 추구해야 할 가치지향이 될 수 없다고 생각한다. 처용제는 우리 울산시민들을 우울하게 만들 뿐이다.

일연 스님이 『삼국유사』에 기술한 바에 의하면 처용설화에는 두 가지 유형의 갈등이 내재되어 있다.[2] 그 하나는 왕과 용왕 사이의 갈등이다. 처용은 왕의 행보를 구름과 안개로 방해하였던 용왕의 아들이다. 왕은 처용을 등용하고 미인을 아내로 삼게 함

2) 일연, 『삼국유사』, 紀異 第二 處容郎 望海寺, 이민수 역, 을유문화사 1998, 175쪽 이하.

으로써 용왕과의 화해를 시도하였다. 이는 왕(서라벌)과 호족세력(울산) 간의 정치적 갈등으로도 해석될 수 있다. 여기에서 음해세력은 드러나지 않고 상징적으로 처리되었다.

다른 하나는 역신과 처용의 갈등이다. 여기에서도 음해세력인 역신의 정체는 직접 드러나지 않고 상징적으로 처리되고 있다. 그는 처용 아내의 미모에 반하여 일방적으로 관계를 가졌으며, 텍스트의 해석학적 정황으로 보아 관계가 여러 번 지속된 상태에서 처용의 눈에 띄게 된 것으로 보인다. 처용이 춤을 추면서 뒤로 물러서자 역신은 처용의 관대함에 감복하여 앞으로 그를 범하지 않겠다고 약속하는 것으로 처리된다. 이 텍스트의 독해문제는 울산시민의 정체성 문제와 직결될 수 있다.

처용가의 핵심주제는 섹스와 불륜의 문제이고, 그 행위 사실에 대한 처용의 태도표명의 문제이기 때문에 성담론적 접근방식을 통해서 해석하는 것이 마땅할 것이다.3)

4. 신라왕실의 섹스 스캔들로서의 처용설화

처용은 왜 아내의 불륜을 문제삼지 않았을까? 처용설화에서 가장 이해하기 어려운 부분은 처용이 자기 아내의 불륜현장을 지켜보면서도 아무런 조처를 취하지 않았던 바로 이 사실이다.4)

---

3) 성적 욕망과 성애적 행위를 비롯한 성담론과 권력기관의 통제 및 제어 전략에 대한 미셸 푸코의 철학적 논의방식은 처용설화의 성담론적 이해에도 하나의 좋은 척도가 될 수 있을 것이다. 미셸 푸코, 『성의 역사』, 이규현 외 역, 나남출판 1990.

4) '역신'(疫神)에 대한 논의는 『처용연구전집』 제4권, 90쪽 이하를 참조할 수 있는 데, 여기에서는 질병, 부정적인 사회현상, 신(神) 등으로 해석되고

처용이 아무런 대책 없이 그냥 지켜볼 수밖에 없었던 것은 도대체 무슨 이유 때문이었을까? 처용이 불렀던 노래는 자포자기의 심정에서 부른 것인가, 아니면 시대적 관행에 대한 비판을 함축하고 있는 것인가? 물론 다양한 가능성을 생각해 볼 수 있을 것이다. 우선 처용을 용이나 용왕의 아들, 치우천황의 화신 등 막강한 권능을 가진 자로 해석할 수 있다. 이 경우에 처용은 왕과 대등하거나 그 이상의 권능을 가져야 하기 때문에 설화의 내용과 부합되지 않는다.

둘째로, 처용을 무당으로 해석할 경우에 그 부인에게 붙은 악귀를 축출하는 것으로 생각할 수 있다. 그것은 통속적인 무속이야기가 된다. 그래서 어떤 학자는 이 사건을 무속적 접신 또는 내림굿 현상으로 해석하기도 하지만, 무속에서의 몸주신은 악귀가 아니며 이는 역신이 축출된 사실과도 부합되지 않는다.

셋째로, 처용을 화랑, 호족의 아들, 아랍인 등으로 해석할 경우에 처용이 아내의 불륜 현장에서 강력하게 대처하지 않았던 사실이 납득되지 않지만, 다만 이 경우에는 처용의 연적 또는 정적으로 상정되는 역신이 누구인가에 따라서 풀릴 수 있는 가능성이 보인다.

왜 처용이 아내의 불륜에 대해서 강력하게 제지하지 못했는가라는 물음은 세 번째의 경우에 가장 근접할 수 있다. 지금까지의 어떤 논문에서도 이러한 문제를 심도 있게 다루지 않았다는 것은 매우 이상한 일이다. 직접적인 성담론적 분석만이 이 문제에 대한 답을 찾을 수 있을 것이다.5)

있다. 다만 김승찬(金承璨)은 역신을 '强者(권력상층)'로 해석하고 있다. 김승찬, 「처용가」, 『향가문학론』, 새문사 1989, 407-408쪽.

5) 처용의 행위를 이해할 수 있는 몇 가지 경우를 생각해 볼 수 있다. 첫째로 혈족단체 안에서의 난혼(Promiskuität), 족내혼(Endogamie), 또는 플라톤이 제시한 성 공동체의 경우이다. 플라톤은 지배계층의 경우에 결혼과 사유재산을 금지하였으며, 국가가 미모와 지혜가 탁월한 여성들을 선발하여 공동으로 관리해야 한다고 주장하였다. 고대 그리스의 역사가 헤로도토스는 여성 공유사회가 실제로 있었다고 기술하고 있다. 스위스 출신의 바흐오펜이나 미국 출신의 모건은 고대 가족에 대한 연구에서 최초의 형태는 난혼이었고, 그것이 다시 모계와 부계사회로 이행하였다고 주장한다(아우구스트 베벨, 『여성론』, 이순예 역, 까치 1987, 23쪽). 처용의 시대에 난혼이나 족내혼이 일반적인 성풍속이었다면 처용 역시 자신의 아내가 저지른 불륜에 대하여 이의를 제기할 수 없었을 것이다. 고대 신라사회에서 부분적으로나마 왕족을 중심으로 난혼이 이루어졌다는 사실이 보고되고 있으므로, 처용의 경우에도 이러한 가능성을 완전하게 배제할 수는 없다.

두 번째로 모권(Mutterrecht) 사회나 모계사회일 경우를 생각할 수 있다. 성서에서도 모계사회의 흔적이 부분적으로 나타나고 있다. '남자는 어버이를 떠나 아내와 어울려'(「창세기」 2:24, 「마태복음」 19:5, 「마가복음」 10:7, 「에베소서」 5:31)라는 대목이 그 전형적인 흔적이다. 이는 「창세기」 3:16에서 여자에 대하여 '너는 남편을 사모하고 남편은 너를 다스릴 것'이라고 한 내용과 상치된다. 또한 유대족 출신의 아버지를 가졌던 야이르가 므낫세 출신의 어머니의 대를 이어 '므낫세의 아들'로 불리어진 사실(「민수기」 32:41)이나, 유대부족 바르질래의 여자와 결혼한 사제들이 그 아들들을 '바르질래의 아들'이라고 불렀던 사실(「느헤미아」 7:63) 등에서도 모권이 확인된다.

그러나 대부분의 학자들은 모계전승이 고대사회에서 부분적으로 이루어졌으며 일반적인 현상은 아니라고 주장한다(베벨, 64쪽 이하). 만일 처용의 시대에 모계전승이 일반적인 경향이었다면 처용은 그 부인의 불륜을 문제 삼을 수 없었을 것이다. 그러나 고대 신라사회에서도 모권사회가 일반적인 현상은 아니었기 때문에 이 가능성은 배제되어도 좋을 것 같다.

세 번째로 복혼(複婚 polygamy)의 경우를 생각할 수 있다. 일처다부제(polyandry)와 일부다처제(polygyny)가 있으며, 일처다부제는 특히 모권사회와 연계된다. 처용의 아내가 다른 남자를 또 다른 남편으로 섬겼다면 이에 해당될 수 있다. 일부다처제의 사회에서도 특별한 경우에는 한 여자가 두 명 이상의 남자와 관계를 가질 수도 있다. 이는 고대 신라의 기틀을 유지해왔던 화랑

『화랑세기』는 『삼국사기』와 『삼국유사』와는 달리 상상을 초월하는 일탈된 성풍속을 기술하고 있어서 역사학자들에 의하여 위서로 간주되어 왔다. 그러나 이 책이야말로 신라사회를 이해할 수 있게 하는 중요한 전거라고 믿는 학자들도 생겨나기 시작하였다.

김대문의 서술에 의하면 고대 신라의 왕과 풍월주(화랑지도자)의 가계를 유지하는 수단으로 마복자摩腹子와 색공色供제도가 활용되었다고 한다. 특히 마복자는 신라를 칭하는 이른바 신국神國의 도道로 간주되었다. 마摩는 '문지르다', '가까워지다'를 뜻하므로 마복자摩腹子는 '배를 맞추어서 얻은 아들'을 뜻한다. 신라의 왕실과 귀족사회에서는 자신의 아내를 왕에게 바치는 풍습이 일반적으로 행하여졌으며, 왕은 수시로 신하의 부인을 범할 수 있었다(色供). 왕이나 왕족이 자신들의 부인 이외의 여인들과 관계를 가져서 얻은 자식을 마복자라 하고, 이들은 그 신하의 가계에 기록된다. 왕의 혈통을 지녔거나, 또는 왕이 자식으로 안정하였던 마복자들은 화랑이 되어 왕실 수호세력으로 기여하였다. 이것이 바로 김대문이 그린 6, 7세기 신라의 성 풍속도이다. 고대 신라시대의 성풍속에 비추어 보면 왕족들 사이에서 마복자와 색공제도를 바탕으로 난혼과 복혼이 이루어졌다.

일연의 처용설화로 다시 돌아가자. 처용설화에 내재된 두 가지 유형의 갈등 중에서 왕과 용왕 사이의 첫 번째 갈등을 왕족과 호족 세력의 갈등으로 볼 수 있다면, 처용과 역신과의 두 번째

과 풍월주, 그리고 왕족의 가계 문제를 적나라하게 다루었던 김대문의 『화랑세기』에서 흔하게 찾아볼 수 있는 현상이다. 바로 이 경우가 처용의 행위를 가장 이해할 수 있게 해주는 것 같다.

갈등은 어떻게 해석될 수 있을까? 신라의 성풍속을 감안한다면 그 역신은 바로 신라왕 또는 권력자일 가능성이 크다.

먼저 헌강왕이 처용의 마음을 잡기 위하여 미인을 그의 아내로 내주었다가, 그 부인을 다시 색공으로 삼았을 가능성이 있다. 그렇다면 처용도 자기 부인의 불륜을 적극적으로 저지할 수 없었을 것이다. 왕 또는 왕족이 처용의 부인을 범했다고 가정할 경우에만 우리는 이 사건의 전모를 납득할 수 있게 된다. 그 다음에는 왕에 버금가는 권력자가 처용의 부인을 범했을 가능성도 생각할 수 있다. 그러므로 이 두 가지 가능성을 당시의 역사적 상황에서 찾아보는 일이 시급할 것이다.

우리는 김부식의 『삼국사기』와 일연의 『삼국유사』에서 이와 비슷한 두 기록을 만나게 된다. 하나는 헌강왕의 마복자에 관한 것이고, 다른 하나는 헌강왕대에 초대 시중을 지냈던 예겸에 대한 것이다.

먼저 헌강왕의 경우를 살펴본다. 김부식은 『삼국사기』에서 헌강왕이 서자 요를 얻게 되는 이야기를 상세하게 소개하고 있다. 처용 사건이 발생한 것은 제49대 헌강왕 5년(879) 3월이며, 같은 해 6월에 일길찬一吉湌 신홍信弘의 반역 사건이 발생하였다. 이는 처용 사건 역시 정치적 갈등의 소산일 수 있다는 가능성을 시사한다. 헌강왕이 죽고 그의 동생인 정강왕이 등극하였으나 1년 만에 요절하고, 그 여동생이 제51대 진성여왕으로 등극하였다(887년). 그녀는 각간 위홍이나 소년 미장부美丈夫와 더불어 음사淫事를 즐긴 것으로 유명하다. 진성여왕은 헌강왕의 서자 요嶢를 태자로 삼았다. 요는 897년에 즉위한 제52대 효공왕孝恭王이다. 그런데 바로 이 태자 요의 출생 이야기가 흥미롭다.

"10월[眞聖王 9년, 895년]에 헌강왕憲康王의 서자庶子 요嶢를 세워 태자太子를 삼았다. 처음에 헌강왕이 전렵田獵을 관람觀覽하다가 한길 가에 자태가 아름다운 한 여자가 있음을 보고 마음으로 사랑하여 후거後車에 명하여 태워 가지고 행재소行在所에 와서 야합野合하였는데 곧 태기가 있어 아들을 낳으니 그 아이가 장성長成함에 따라 체모體貌가 영특하고 이름을 요嶢라 했다. 진성왕眞聖王이 듣고 그 아이를 궐내闕內로 불러들여 손으로 그 등을 어루만지며 말하기를, '나의 형제 자매兄弟姊妹의 골상骨相은 남과 다른 점點이 있다. 이 아이도 등에 두 뼈가 솟았으니 참으로 헌강왕憲康王의 아들이라'하고 이내 유사有司에 명하여 예禮를 갖추어 태자太子로 숭봉崇奉하였던 것이다."6)

이는 분명 헌강왕의 야합에 관한 이야기이다. 태자 요의 출생이 처용설화와 직접 연관된 것인지는 알 수 없으나, 헌강왕 역시 자신의 재임기간 중에 반란을 경험했으며, 태자 요는 헌강왕이 야합으로 얻어 숨겨 놓은 마복자로서, 진성여왕이 자신의 후계자로 발탁했던 사실을 확인할 수 있다. 당시 헌강왕을 사로잡았던 여인은 효공왕 편에서 김씨부인으로 알려지고 있으며, 의명왕태후義明王太后로 봉하여졌다.7) 이는 6,7세기에 성황하였던 마복자와 색공제도가 헌강왕의 재위시대인 10세기에도 여전히 작동되었던 사실을 입증하고 있으며, 따라서 처용가에 등장하는 역신은 헌강왕의 숨은 얼굴일 가능성이 크다. 그렇다면 헌강왕

6) 김부식, 『삼국사기』, 제11권 중 진성왕, 이병도 역, 을유문화사 1997, 298쪽.

7) 김부식, 『삼국사기』, 제12권 중 효공왕, 이병도 역, 을유문화사 1997, 306쪽. 『삼국유사』, 王曆表(孝恭王條)에는 문자왕후(文資王后)라고 기록되어 있다.

의 마복자 이야기가 처용가의 소재일 수도 있다.

김기홍金基興은 「신라 처용설화의 역사적 진실」이라는 논문에서 처용설화는 효공왕의 등극을 정당화하는 신화라고 해석하였는데, 헌강왕이 김씨부인을 만난 시점은 울산을 순방했을 때라고 추정하였으며, 그 때문에 일연은 망해사望海寺를 신방사新房寺라고 병기했다는 것이다. 그는 이 때 태어난 서자 요가 처용일 것이라고 추정하고 있다.8) 그러나 김기홍처럼 태자 요를 처용으로 설정할 경우에 처용이 잉태된 동일 시점에 정부 관리로 발탁된다는 모순이 생겨나며, 처용설화에 내재된 두 개의 갈등 구도, 특히 처용과 역신의 대결구도를 상식적으로 납득시킬 수가 없다. 더구나 태자 요가 처용이었다면 이미 궐내에 알려져 있었을 터인데, 이는 진성여왕이 그를 불러들였을 때 그에 대하여 알지 못하고 있었던 정황에 비추어 정합성이 결여된다.

두 번째로 처용설화의 모티브가 헌강왕의 초대 시중 예겸과 연관되었을 가능성을 생각할 수 있다. 이미 김경수, 김학성 등의 처용연구자들은 역신이 신라의 중앙귀족 세력일 것이라는 주장을 내놓은 바 있다. 그렇다면 구체적으로 어떤 인물을 생각할 수 있을까? 그것을 찾아 나선 새로운 논문이 나왔다. 안양대 박인희 교수는 처용이 효공왕 사후에 백성들에 의하여 직접 추대되었던 제53대 신덕왕神德王의 아버지 문원일 가능성이 있다고 주장한 것이다.9) 그런데 문원이 누구인지는 알려지지 않았다. 박인희는 신덕왕의 성이 박씨이고, 그를 통하여 김씨왕조가 박씨

8) 김기홍, 「신라 처용설화의 역사적 진실」, 『역사교육』 80, 역사교육연구회 2001, 134쪽 이하. 『처용연구전집』 제4권 종합편에 재수록, 756쪽 이하.

9) 박인희, 「처용의 실체와 '처용가'」, 『처용연구전집』 제4권, 777쪽 이하.

왕조로 된 사실, 즉 왕권에 변화가 생겨난 것에 주목하였다. 그런데다가 김부식은 신덕왕의 아버지를 예겸이라고 기술한 것이다. 김부식에 의하면 신덕왕은 백성[國人]들이 직접 추대하였다. 신덕왕의 국인추대 사건의 배후에서 결정적인 영향력을 행사한 인물이 바로 예겸이다.

그런데 여기에서 우리는 김부식의 기록과 다른 역사기록에 부딪치게 된다. 일연스님이 쓴 『삼국유사』 왕력편이다. 김부식은 예겸을 신덕왕의 아버지라고 기술한 반면에 일연스님은 문원이 신덕왕의 아버지이고, 예겸은 의부라고 썼다. 신덕왕의 아버지가 두 사람인 것이다. 예겸의 딸은 헌강왕의 서자 효공왕의 왕비이고, 헌강왕의 딸은 예겸의 아들 또는 양자였던 신덕왕의 왕비이다. 그래서 헌강왕 때 시중 벼슬에 있다가 민공파에 의하여 밀려났던 예겸이 효공왕 대 이후 다시 권력의 실세로 등장한 것을 짐작할 수 있다. 박인희의 가설에 의하면 예겸이 바로 처용의 부인을 범하였던 역신이다.

그러나 이러한 주장들은 그저 추정일 뿐이며 처용이 누구인지 확인할 길은 없다. 그가 화랑의 일원인지 아니면 아랍의 상인인가도 분명하지 않다. 그러나 헌강왕이 처용의 마음을 사로잡기 위하여 주었던 미인을 다시 색공으로 취하였을 개연성은 매우 크다. 그것이 아니라면 왕의 주변인물이 처용의 부인을 범하였을 가능성도 생각할 수 있다. 이처럼 우리는 역신이 왕이나 왕족일 경우에, 그리고 왕권과 호족세력 간의 정치적 갈등을 전제할 경우에만 처용 사건의 전모를 납득할 수 있게 된다. 처용은 당시의 성 풍속 때문에 소극적으로 대처할 수밖에 없었을 것이고, 사정이 이렇다면 처용의 행위는 관용정신과 아무런 관계도 없으며, 그것은 신라왕실의 섹스 스캔들에 지나지 않을 것이다.

따라서 처용설화는 울산지역의 주류적이고 지배적인 가치지향이 될 수 없으며, 산업수도 울산의 대표축제나 이미지 브랜드로서도 적합하지 않다. 그것은 오히려 권력의 추문이나 잘못된 연대, 즉 야합野合을 뜻할 뿐이다. 우리는 처용가에 나타난 성담론이 신라왕실의 성풍속을 반영하고 있다고 해석할 경우에만 그 전모를 설득력 있게 파악할 수 있으며, 바로 이러한 사실에서 처용문화제가 울산의 대표축제로서 부적합하다고 지적하는 바이다. 울산의 대표축제는 우리 지역의 예술혼과 장인정신을 연출하면서 사람과 자연과 산업이 공존할 수 있는 보편적인 가치지향을 표방해야 한다. 이것이 바로 처용문화제의 종언을 요구하는 근거이다.

5. 문화산업으로서의 지역축제

마지막으로 발제자는 부산시가 21세기를 전망하는 도시발전 전략의 중요한 분야로서 관광컨벤션산업과 영상콘텐츠 산업 등 문화산업에 비중을 두고 있으며, 지난 2002년 아시안게임의 성공적 개최, 2005년 APEC정상회의 유치 성공에 이어서 2012년 올림픽 유치를 통하여 도시발전을 위한 미래전망과 전략을 수립하고 있음을 밝혔다. 또한 21세기 동북아시대를 대비하는 해양물류중심도시로의 도약이라는 부산시의 특성화 전략에 부합되는 문화산업을 육성하기 위한 몇 가지 방책을 제안하고 있다.

첫째로 축제문화의 개방성, 소통성, 통합성을 구현할 수 있는 문화행정 시스템 및 마켓팅 전략의 구축이 필요하다는 것이다.

이는 지역축제간의 상호연관성 및 상호소통을 가능하게 할 뿐만 아니라 행정기관, 축제전문인력, 문화예술인, 시민사회의 상호 협조를 가능하게 할 것이다.

둘째로 축제 관련 조직운영에 있어서 경영마인드를 도입하여 투명성, 객관성, 전문성을 제고하여 축제문화의 공공성, 효율성, 예술성을 증진시켜야 한다는 것이다.

셋째로 지역사회의 정체성에 기반을 둔 특성화된 축제 이미지를 브랜드화하여 지역경제 활성화에 기여할 수 있게 해야 한다는 것이다.

이러한 지적들을 바탕으로 현재 이루어지고 있는 울산지역의 축제들이 지역적 정체성과 특수성을 감안하고 있으며, 지역 산업과 경제에 긍정적인 역할을 수행하고 있는지를 살펴볼 필요가 있다. 가장 중요한 것은 앞에서도 지적한 바 있는 정체성 문제이다. 반구대 암각화와 천전리 각석에 나타난 구상미와 추상미는 울산시민들이 자랑해야 할 문화예술의 극치이다. 우리의 선조들이 구상과 추상이 아우러진 창조적 예술행위를 즐겼다는 사실에 대하여 자긍심을 가져할 것이다. 그것은 인류가 보존하고 창조적으로 발전시켜야 할 보편적 가치이기도 하다. 선사시대에서 신라시대에 이르기까지의 생활상이 적나라하게 반영된 이 작품들은 창조적인 추상정신과 생산적인 장인정신을 주제로 하고 있으며, 그것은 오늘날의 산업수도 울산을 가능하게 한 원동력이었다. 그리고 우리는 지금 이미 산업화 과정에서 황폐해진 주변환경을 생태적으로 복원하는 동시에 태화강과 동해바다를 다시 살림으로써 고래 떼를 불러들이고 연어가 다시 찾아올 수 있는 태고적의 고향을 꿈꾸고 있다.

그러나 울산공업축제를 발전적으로 해체하는 과정에서 울산 시민들은 잘못된 길로 들어서고 말았다. 반구대 대신에 처용을 선택했기 때문이다. 구상과 추상을 아우른 창조적 미학정신과 최선의 작품을 추구하는 장인정신을 버리고, 정치적 갈등 구도에서 빚어진 성적 일탈과 주술행위를 취하였던 것이다. 따라서 처용문화제는 가치관의 측면에서 볼 때 처음부터 그 태생적 한계를 안고 있었다고 볼 수밖에 없는 것이다.

『계몽의 변증법』(1947)에서 '문화산업'Kulturindustrie이라는 용어를 처음으로 사용하였던 아도르노와 호르크하이머는 이 개념을 대중문화 관계자들이 기술적인 합리성을 바탕으로 대중지배를 획책하기 위하여 고안한 대중기만적 계몽활동이라고 규정함으로써 대단히 부정적인 의미로 사용하였다.[10] 그러나 오늘날 문화산업은 더 이상 대중조작이나 대중기만의 차원에 머무르지 않고 인류의 미래발전을 결정하는 문화적 가치의 창조와 생산과 보급을 관장하고 있다. 새뮤얼 헌팅턴은 『문화가 중요하다』(*Culture Matters*)라는 책의 서문에서 '문화'야말로 인류발전의 '결정적 요인'이라고 규정한 바 있다.[11] 헌팅턴은 1990년 초에 가나와 한국의 1960년대 초반 경제 자료들을 검토한 결과 두 나라의 1인당 GNP 수준이 비슷하고 1,2,3차 산업의 분포도 및 경제원조 대상국이라는 사실까지 유사했는데, 30년 뒤 한국은 세계 14위의 경제규모를 가진 산업국가로 발전한 반면에 가나는 한국

---

10) Marx Horkheimer und Theodor W. Adorno: *Dialektik der Aufklälung. Philosophische Fragmente*. Frankfurt 2004. 아도르노, 호르크하이머, 『계몽의 변증법』, 김유동 외 역, 문예출판사 1995, 169쪽 이하.

11) Samuel Huntington and Lawrence E. Harrison: *Culture Matters*. New York 2000. 새뮤얼 헌팅턴 외 편, 『문화가 중요하다』, 김영사 2001, 8쪽.

의 1인당 GNP 15분의 1 수준에 머물러 있는 사실을 발견하고 충격을 받았다고 밝힌 바 있다. 무엇이 두 국가의 발전을 그렇게 차이나게 만들었을까? 헌팅턴이 찾은 대답은 바로 문화였다. 그 이후에도 우리나라는 세계화(그리고 지역화), 정보화, 지식산업화의 물결을 거치면서 지식정보기술 분야에서 경쟁력을 키워나가고 있으며, 그 과정에서 문화산업의 중요성을 인식하기 시작하였다. 현재 우리나라의 문화경쟁력은 영화, 드라마, 가요 등 대중문화 관련 분야에 집중되어 있으나, 거의 모든 영역에서 문화컨텐츠의 빈약성이라는 한계에 봉착해 있는 실정이다.

이와 같은 상황에서 지역축제를 문화산업의 육성과 연계시키는 방향으로 전환하는 것은 시대적 요구이기도 하며, 지역축제를 활성화시킬 수 있는 유일한 방안이기도 하다. 지역축제를 도시 전체의 이미지를 드러낼 수 있도록 그랜드 디자인하는 방식으로 도시 컨셉을 창출할 수 있다면 그것은 곧바로 성공적인 도시마케팅으로 연결될 수 있으며, 특정 도시만이 풍겨낼 수 있는 고혹적인 분위기를 연출할 수 있을 것이다. 이런 점에서 발제자가 도시축제와 문화산업의 일치를 통해서 경제적 풍요와 문화적 윤택이 어우러질 수 있는 도시 어메티니Amenity 개념의 확산을 강조한 것은 매우 적절하다고 본다.

그러나 울산의 경우는 어떠한가? 동해바다와 수려한 산악지역, 그리고 국내 최고의 산업단지가 들어서 있다는 자긍심에도 불구하고 우리는 이 도시의 외형으로부터 안온한 분위기를 느끼고 있는가?

울산의 축제문화를 문화산업으로 전환할 수 있는 가능성을 모색하는 것은 매우 중요하다. 울산지역의 축제들 가운데 문화산업으로 육성할만한 것들은 없는가를 살펴야 할 것이다. 울산시민들이 지향하는 가치를 세계만방에 알릴 수 있다면 우리는 더 많은 예산도 투입해야 할 필요가 있다. 그런데 여기에서 우리가 전제해야 할 것은 울산시의 대표축제는 울산지역의 문화적 정체성뿐만 아니라 우리 세대가 추구하는 현재적 가치는 물론이고 우리의 후손들이 자랑스럽게 여길 수 있는 가치지향까지도 반영해야 한다는 점이다. 울산시는 현재 '한국경제의 동력 첨단산업도시', '아름답고 푸른 생태환경도시', '삶이 여유로운 문화복지도시'를 지향하고 있으며, 이와 같은 시정방침은 시장이 바뀌더라도 계속 유지되어야 할 가치들이다. 우리는 이러한 가치들에 부합되고 울산시민 모두가 거부감 없이 참여할 수 있는 새로운 축제를 구상하지 않으면 안 된다. 이 경우에 유념해야 할 몇 가지 기본 전제들이 있다.

첫째로 처용문화제가 울산시민의 정체성과 부합되지 않는다는 사실을 인식하고 최대한 빠른 시일 안에 그 틀에서 벗어날 필요가 있다. 이 경우에 현재와 같은 비생산적이고 소모적인 잡화점식 프로그램 운영 방식을 과감하게 지양하고, 울산시의 새로운 도시 브랜드로 부각될 수 있도록 새 판을 짜는 것이 필요하다. 처용 관련 행사는 개별축제의 형태로 유지하되, 처용극 또는 처용오페라 등 국제무대에 올릴 수 있는 문화상품으로 개발할 수 있도록 특별 지원하는 것이 좋을 것이다.

둘째로 이를 위해서는 의사소통 방식의 개선이 필요하다. 현재 처용문화제와 관련된 모든 이해관계를 초월하는 것은 물론이고 성별, 직업별, 종교별 차이를 넘어서서, 각계각층의 대표성 있는 유능한 인재들로 특별위원회를 구성하여 지금까지의 처용문화제 운영에 관한 전반적인 문제들을 반성하고 점검하는 동시에 새로운 문화축제를 개발할 수 있도록 해야 할 것이다. 전시민적 관심을 대표할 수 있는 가치중립적인 인사들과 문화전문가들이 적극 참여할 수 있도록 논의구조를 개편하는 것이 가장 우선적인 과제이다.

셋째로 새로운 축제는 특정 종교나 이데올로기가 배제된 가치중립적인 이름을 가져야 할 것이다. 울산의 대표축제는 '부산국제영화제'나 '광주비엔날레' 등에 비견될 수 있도록 '울산국제연극제', '울산세계음악제', '울산국제광고영화제' 등을 생각할 수 있을 것이다. 지금 처용문화제 속에 들어 있는 '월드 뮤직 페스티벌'을 독립시키는 것도 하나의 방안이 될 수 있다. 울산의 정취를 담아서 '태화강축제', '쇠부리-고래축제' 등으로 불러도 좋을 것이다.

넷째로 울산지역에서 기획된 모든 축제들을 전체적으로 조망할 수 있는 장치를 마련하여 관광 및 문화상품으로서 시너지 효과를 기할 필요가 있다.

이상과 같은 필자의 의견들이 울산시민과 울산문화의 정체성을 새롭게 규정하고 발전시키는 데 다소나마 보탬이 되었으면 하는 바램이다. (2006.11.30)

처용문화제 토론회

"처용문화제 및 울산 지역 축제 활성화를 토론회"(2006년 11월 30일)에서 한 발제자는 처용문화제를 시민화합형 축제로 분류하면서, 그러나 처용문화제는 울산시민들의 관심과 사랑을 이끌어내지 못하고 있다고 지적하였다.

또 다른 발제자는 잡화점 식으로 운영하는 처용문화제를 도시브랜드화 할 수 있는 문화산업으로 변형시켜야 한다고 주장하였다. 세 번째 발제자는 울산 지역의 축제들이 정체성도 없고 특성화되지도 않았다고 지적하면서, 지금이야말로 처용문화제를 계속 발전시킬 것인지 아니면 그만 둘 것인지를 결단해야 한다고 촉구하였다.

이들의 주장을 종합해 보면 처용문화제는 잘못 운영되고 있는 것이 분명하다. 무엇이 문제이고 어디에서부터 잘못된 것일까? 가장 근본적인 문제는 바로 명칭이었다. 처용문화제의 반복된 실패는 바로 축제 자체의 정체성의 위기에서 기인된 것이 분명하다.

처용문화제추진위 관계자들이나 울산시 담당 공무원들은 하나같이 정체성 시비에 대한 문제는 일단락되었다고 말하고 있지만, 그러나 필자를 비롯한 세 사람의 지정토론자들은 처용문화제의 정체성 문제를 지적하지 않을 수 없었다.

왜 이와 같은 인식의 차이가 존재하는 것일까? 한 발제자는 지자체에서 주관하는 대부분의 축제들이 실패하는 가장 큰 이유를 정치권에 줄 대고 있는 토호세력의 전횡이라고 지적하였다. 그동안 30년간 지속되어온 공업축제가 바로 10년 전에 처용문화제로 개칭된 배경에도 당시 문화부장관의 입김에 편승한 울산지역의 토호세력들이 있었을 것이다.

처용문화제의 정체성 논란을 의도적으로 종식시키려는 세력들의 정체는 바로 이들 토호세력들이고 또한 그들과 야합하고 있는 일부 몰지각한 공직자들이다. 이들은 마치 처용설화에 나오는 얼굴 없는 용왕과 얼굴 없는 역신처럼 이권의 배후에 서성거리고 있다. 사람들은 바로 이들이 손을 뗄 때에만 처용문화제의 잘못된 운영방식을 바로 잡을 수 있을 것이라고 본다.

처용문화제를 반대하는 사람들이라고 해서 처용가와 처용설화의 가치를 부정하는 것은 아니다. 그들은 오히려 처용 관련 축제가 세계적인 경쟁력을 가질 수 있도록 특성화할 것을 주문하고 있다. 현재와 같은 잡화점식 운영방식으로는 처용을 모티브로 한 축제를 특성화할 수 없기 때문이다.

이들이 처용문화제를 반대하는 것은 그것이 울산시민 전체의 화합을 아우르기 위한 대표축제로서 운용되고 있기 때문이다. 처용가에 대한 다양한 해석 가능성에도 불구하고 처용가의 핵심주제는 간통과 불륜이라는 사실을 회피할 수 없다.

『삼국사기』에 의하면 헌강왕은 사냥구경을 하던 중에 만났던 미인을 가로채어 관계를 가진 사실이 있으며, 그 사이에서 얻은 마복자摩腹子를 숨겨 두었다. 진성여왕은 그를 태자로 삼았으며,

신라 제52대 효공왕이 되었다. 이 이야기는 『삼국유사』의 처용설화와 긴밀한 관계를 가지며, 처용의 부인을 범하였던 역신이 바로 헌강왕이나 그 주변의 권력 실세일 수 있다는 사실을 보여준다.

따라서 처용가의 소재는 헌강왕의 마복자 이야기, 즉 신라왕실의 섹스 스캔들일 것이다. 그것은 분명 문학적으로는 가치있는 작품일지 모르겠지만, 울산시민들이 추구해야 할 가치지향점은 되지 못한다. 문제의 심각성은 바로 울산시가 간통과 불륜을 정당화하는 것으로 오해받을 수도 있는 처용문화제를 시민화합 축제로서 운영하고 있다는 데 있다.

다시 한 번 강조하거니와 울산시민들의 대화합을 추구하는 대표축제의 브랜드로서 처용문화제는 적합하지 않다. 현재 시행중인 처용문화제는 "울산반구대축제"나 아니면 그냥 "울산시민축제"라고 부르는 것이 더 좋을 듯하며, 처용 관련 행사는 그저 순수한 문화축제로서 경쟁력을 가질 수 있도록 지원하는 방안을 고려해 주기 바란다. (2006.12.03)

처용설화와 처용제에 대하여

1. 삼국유사의 처용설화

제49대 헌강대왕憲康大王 대에는 서울로부터 동해 어귀에 이르기까지 집이 즐비하게 늘어서 있고 담장이 서로 맞닿았는데, 초가집은 한 채도 없었다. 길에는 음악과 노랫소리가 끊이질 않았으며 바람과 비는 사철 순조로웠다. 이때 대왕이 개운포開雲浦로 놀러갔다 돌아오려 하였다. 낮에 물가에서 쉬고 있는데, 갑자기 구름과 안개가 캄캄하게 덮여 길을 잃게 되었다. 왕이 괴이하게 여겨 주위 사람들에게 물으니, 일관이 아뢰었다.

"이는 동해에 있는 용의 변괴이니, 마땅히 좋은 일을 하여 풀어야 합니다."

그리하여 용을 위해 근처에 절을 짓도록 유사有司에게 명령하였다. 명령을 내리자마자 구름이 걷히고 안개가 흩어졌다. 이 때문에 그곳의 이름을 (구름이 걷힌 포구라는 뜻의) 개운포라 한 것이다.

동해의 용은 기뻐하여 곧 일곱 아들을 거느리고 왕의 수레 앞에 나타나 덕을 찬양하며 춤을 추고 음악을 연주하였다. 그 중 한 아들이 왕의 수레를 따라 서울로 들어와 왕의 정사를 보필했는데, 이름을 처용處容이라 하였다. 왕은 미녀를 주어 아내로 삼게 하고 그의 마음을 잡아 머물도록 하면서 급간級干이란 직책을 주었다. 그의 아내가 매우 아름다웠으므로 역신疫神이 흠모하여 사람으로 변해 밤이 되면 그 집에 와 몰래 자곤 하였다.

처용이 밖에서 집에 돌아와 두 사람이 자고 있는 것을 보고는 노래를 지어 부르고 춤을 추다가 물러났는데, 그 노래는 다음과 같다.

동경東京 밝은 달에 밤새도록 노닐다가
들어와 자리를 보니 다리가 넷이구나.
둘은 내 것이지만 둘은 누구의 것인가.
본래 내 것이지만 빼앗긴 것을 어찌 하리.

그때 역신이 형체를 드러내 처용 앞에 꿇어앉아 말하였다.

"제가 공의 처를 탐내어 지금 범했는데도 공이 노여워하지 않으니 감탄스럽고 아름답게 생각됩니다. 맹세코 오늘 이후로는 공의 형상을 그린 그림만 보아도 그 문에는 절대로 들어가지 않겠습니다."

이로 인해 나라 사람들이 문에 처용의 형상을 붙여 사악함을 물리치고 경사스런 일을 맞이하려고 하였다.

왕은 돌아오자 곧 영취산靈鷲山 동쪽 기슭의 좋은 땅을 가려 절을 세우고 망해사望海寺라 하였다. 망해사를 신방사新房寺라고도 했으니, 이는 처용을 위해 세운 절이다.

2. 처용은 역사적 인물인가

이 텍스트는 1281년경에 일연스님에 의하여 저술된 『삼국유사』(권2, 紀異 제2)에 나오는 처용에 대한 설화이다.[1] 이 설화에서 용왕의 아들인 처용은 헌강왕에 의하여 발탁되었으며, 아름다운 부인의 간통 현장을 직접 목격하고서도 관용을 베풀어 역신으로 하여금 탄복하게 했던 사람으로 그려지고 있다. 처용의 얼굴이 부적符籍으로서 효험을 가지게 된 것과 불교 사찰의 건립 배경에 대한 불사연기佛寺緣起 사상이 바탕에 깔려 있다.

『삼국유사』의 저자인 일연은 승려였기 때문에 처용을 주로 불교적 (때로는 무속적) 시각에서 그려놓고 있지만, 그보다 140여년 전에 김부식은 『삼국사기』(1145년)에서 처용 사건을 설화가 아닌 하나의 역사적 사실로 기술하고 있다.[2] 즉, 헌강왕 5년(879년) 3월에 왕이 나라의 동쪽지방의 군郡으로 순행하는데 알지 못하는 종자 4명이 어전에 나타나서 노래하고 춤을 추었으며, 그 모양이 괴상하고 의관도 달랐으므로 산해정령山海精靈이라고 불렀다는 것이다. 그런데 김부식은 각주에서 『고기古記』에 이들이 왕이 즉위한 해에 출현했다고 적고 있는데(小註: 古記謂王卽位元年事), 『고기』는 이규보의 『동명왕편』에 소개된 『구삼국사舊三國史』의 「신라본기」일 가능성이 크다고 한다. 이는 김부식이 그 이전의 역사서에서 참고하였으며, 따라서 실제 사실일 가능성이 높다는 것을 뜻한다.

김부식은 처용의 출현 사건을 역사적 사실로서 기술한 반면에

---

1) 일연, 『삼국유사』, 김원중 역, 을유문화사 2002, 186-188쪽.
2) 김부식, 『삼국사기』, 권11, 신라본기, 헌강왕 5년 春三月條.

일연은 무속과 불교적 색채가 농후한 설화로 기술한 것이다. 이 두 개의 텍스트에서 언급된 사실들을 바탕으로 처용에 대한 다양한 해석이 시도되었지만 아직까지 확실한 사실은 밝혀지고 있지 않다.

3. 처용은 누구인가

처용은 일반적으로 일연의 기술 방식에 따라서 '용왕의 아들'로 간주되고 있지만, 학자들에 따라서 '화랑', '호족의 자제', '이슬람의 상인' 등과 같이 '천의 얼굴'의 가진 신비한 인물(김학성)로 다루어지고 있다.

첫째로 처용을 용 신앙龍信仰과 연결시키는 경향성이 두드러지게 나타난다. 즉 처용은 용안龍顔의 훈독이라는 것이다. 처(處)는 장소를 나타내는 '곧'(곳)을 뜻하며, 이는 용龍이나 꽃(花)의 고어인 '구ku, 구스kus, 굳kut'과 같다. 그리고 용容은 '증'으로서 '안'顔과 같다. 처용랑處容郎은 용안龍顔의 가면을 쓰고 열병신熱病神, 즉 역신疫神을 물리치는 사람이다(김사엽). 또한 『계림유사鷄林類史』에서 용을 가리켜 '칭'(龍曰稱)이라고 한 사실에 근거하여 '칭'의 이중화 현상, 즉 '치용'을 거쳐서 처용處容으로 굳어졌다는 주장도 있다(강신항). 다른 한편 처處는 용龍이고, 용容은 길이 기념하겠다는 의미에서, 처용은 신라의 화랑을 뜻한다는 주장도 있다(김종우).

둘째로 처용설화가 무속신앙에서 기인되었다고 주장하는 사람들도 있다. 무巫의 뜻을 가진 신라의 왕호 차차웅次次雄이 바로 처용이라는 주장(서정범)도 있고, 처處는 '곧, 굳'이고, '곳'kuts

은 무巫를 뜻한다고 보는 입장도 있다(강헌규).

셋째로 처용은 단순한 인명이라는 주장이 있다. 처용은 신라 헌강왕때 '동해용東海龍의 아들로 불리는 사람'의 이름에 지나지 않는다. 양주동박사는 처용이 우리나라 상고시대의 황제인 '제융' 혹은 '치융'에서 비롯되었다고 보기도 한다. 이 경우에 처용은 한사상과 연관되어 있다.

넷째로 외래인설도 있다. 처處는 '살 처', '곳 처', '정할 처' 등이고, 용容은 용납할 용, 용서할 용, 안존할 용, 얼굴 용, 모양 용 등의 자의字意에 따라서 '입주'入住가 허용許容된 사람'이라는 뜻이다(이용범). 특히 무함마드 깐수는 『신라·서역교류사』(단국대학교출판부 1992)에서 외래인설을 지지하였다.

4. 처용은 서역에서 왔는가

그렇다면 처용의 서역전래설은 어떤 근거에 바탕을 두고 있는 것일까?

첫째로 우리의 몇 가지 역사서에 근거한다. 가장 오랜 전거인 『삼국사기』에서 헌강왕의 앞에 나타난 네 명의 사람들이 낯선 옷을 걸친 괴상한 얼굴을 가졌다고 했기 때문에, 그때 당시 교역차 신라에 왔던 서역인들이 아닌가 추론했던 것이다. 1481년에 50권으로 편찬된 『동국여지승람』(권22, 蔚山郡 山川)과 우리나라에서 가장 오래된 지리지로 알려지고 있는 『경상도지리지』慶尙道地理志 울산군 편에서는 처용이 벽해碧海에서 왔다고 기술하고 있다. 이는 처용이 바다 건너 서역에서 왔다는 해석을 정당화하는 근거로 차용된다.

둘째로 울산의 해룡전설海龍傳說 또는 황룡연黃龍淵 전설에 근거하고 있다. 신라 27대 선덕여왕 때 자장율사가 당나라에 들어가 8년간 불경을 연구하고 당나라 태화지에 이르니, 용신龍神인 문수보살文殊菩薩이 나타나 석가모니의 진사리眞舍利와 치아(佛牙)와 붉은 가사(紅架裟)를 주면서 해동국海東國에 돌아가서 불사佛事를 일으키도록 하였다. 그는 신라에 돌아온 후 경주 황룡사탑과 양산 통도사, 그리고 울산 태화강 황룡연 절벽 위의 태화사에 고루 나누어 봉안하였다. 이 경우에 해룡은 물론 바다를 건넌 사실을 암시하고 있으며, 여기에서는 당나라에서 현신한 문수보살을 가리키고 있지만, 김수로왕의 부인을 약취한 해룡의 경우에는 동해안 일대에 출몰한 왜 해적倭海賊으로 해석되기도 한다(깐수).

셋째로 처용이 실크로드를 통하여 신라까지 온 이슬람 상인이라는 주장이 있다(깐수). 개운포(현 온산면 처용리 일대)는 번창한 국제무역항으로서 아랍인과 무슬림인들이 출현했을 가능성이 크다. 중세 아랍의 지리학자 이븐 쿠르다지바에 의하면 당시 8세기에서 13세기 중엽까지 지중해에서 인도양을 거쳐 태평양 서안까지를 활동무대로 삼았던 압바스조 이슬람제국이 있었고, 신라로부터 검(銀粧刀), 명주(絹布), 도자기 등을 수입하였다. 그렇다면 처용을 이때 신라에 온 서역인이라고 볼 수 있다는 것이다. 특히 당나라 말기(唐末)에 중국인 전역錢易은 그의 저서 『남부신서南部新書』에 이상한 성씨를 가진 색목인色目人이 등용되었다는 사실을 적고 있는데, 이들은 아랍, 무슬림을 포함한 서역인이었다고 한다. 따라서 헌강왕도 사회, 경제적인 변혁의 시대를 극복하기 위하여 이재에 밝은 서역인을 등용하였을 가능성이 크다고 본 것이다.

그럼에도 불구하고 우리는 처용이 누구인가를 정확하게 규정하기가 어렵다. 깐수의 지적대로 처용이 특히 이슬람 신앙을 가진 서역인이라고 한다면, 성도덕에 엄격한 그들이 처용과 같은 태도를 취할 수 있었겠는가라는 점에서 회의적이다. 처용설화와 관련된 어떤 텍스트에도 서역인이라고 단정할 수 있는 구체적 근거는 없으며, 그들이 서역인이었다면 기독교 신앙을 가진 유대인이었을 가능성도 배제할 수는 없다. 그와 반대로 처용은 우리의 고유사상인 단군조선의 황제였던 제융의 화신일 수도 있다. 그러나 그들이 어떤 신앙을 가진 사람들이었든지 관계없이 그때 당시 우리나라는 불교의 영향권이었기 때문에 처용의 아이덴티티는 불교적인 색채로 기술될 수밖에 없었다.

5. 처용의 태도는 어떤 경우에 납득될 수 있는가?

처용설화에서 가장 이해하기 어려운 부분은 처용이 자기 아내의 불륜현장을 지켜보면서도 아무런 조처를 취하지 않았다는 사실이다. 현대적인 관점에서 보면 이는 결코 이해될 수 없는 부분이다. 그렇다면 어떤 경우에 처용은 지켜볼 수밖에 없는 것일까?

① 혈족단체 안에서의 난혼Promiskuität, 족내혼Endogamie 또는 플라톤이 제시한 성 공동체의 경우이다. 고대 그리스의 역사가 헤로도토스는 여성과 남성의 공유사회가 실제로 있었다고 기술하고 있다. 스위스 출신의 바흐오펜, 미국출신의 모건은 고대 가족에 대한 연구에서 난혼, 모계, 부계사회로 이행하였다고 주장한다.

② 모권Muterrecht, 모계사회의 경우이다. 성서에서 모계사회의 흔적은 창세기에서 '남자는 어버이를 떠나 아내와 어울려'(창 2:24, 마태 19:5, 마가 10:7, 에베소서 5:31)라는 문장에서 전형적으로 드러난다. 이는 창세기 3장 16절에서 여자에 대하여 '너는 남편을 사모하고 남편은 너를 다스릴 것'이라는 내용과 상치된다. 또한 유대족 출신의 아버지를 가졌던 야이르가 므낫세 출신의 어머니의 대를 이어 '므낫세의 아들'로 불리어진 사실(민수기 32:41)이나, 유대 부족 바르질래의 여자와 결혼한 사제들이 그 아들들을 '바르질래의 아들'이라고 불렀던 사실(느헤미아 7:63) 등에서 확인된다. 그러나 모권사회가 역사 초기에 일반적인 현상이었다고 보지 않는 것이 학계의 통설이다.

③ 복혼複婚polygamy의 경우이다. 이 경우에는 일처다부제 polyandry와 일부다처제polygyny가 해당되는 데, 일처다부제는 모권사회와 연계된다. 처용의 아내가 다른 남자를 또 다른 남편으로 섬겼던 경우라면 이에 해당될 것이다.

④ 김대문의 『화랑세기』에 의하면 고대 신라의 왕과 풍월주(화랑지도자)의 가계를 유지하는 수단으로 마복자摩腹子와 색공色供이 활용되었다. 특히 마복자는 신라를 칭하는 이른바 신국神國의 도道로 간주되었다. 마摩는 '문지르다', '가까워지다'를 뜻하므로 '배를 맞추어서 얻은 아들'을 뜻한다. 신라의 왕실과 귀족사회에서는 자신의 아내를 바치는 풍습이 일반적으로 행하여졌으며, 왕은 수시로 신하의 부인을 자연스럽게 범할 수 있었고, 그 때 생긴 자식들은 그 신하의 가계에 기록되었다.

고대 신라시대의 성 풍속도에 비추어 보면 왕족들 사이에서 부분적으로 마복자와 색공 제도를 바탕으로 난혼과 복혼이 이루어졌던 것으로 확인된다. 처용이 자기 부인의 불륜에 대하여 아무런 반응을 보일 수 없었던 것은 단 한 가지 이유일 것이다. 왕이 처용의 부인을 범했다고 가정할 경우에만 우리는 이 사건의 전모를 납득할 수 있다.

6. 처용제를 넘어서

우리의 당면과제는 이 문제를 다시 처용설화가 울산을 대표할 수 있는 축제 모티브로 적합한가에 대한 논란과 연결시켜 보아야 한다는 것이다. 울산시에서는 처용설화에 바탕으로 둔 처용제를 가장 대표적인 축제로 중점 육성하고 있다. 그러나 상당수의 시민들은 처용제가 현대 울산사회의 정체성을 대변하기에 충분하지 않다고 생각하는 것 같다. 그 문제점을 지적하면 다음과 같다.

첫째로 처용의 출처근거가 불분명할 뿐만 아니라, 설화에서 추상화한 관용정신이 성적으로 일탈된 울산사회의 현재 모습을 희화화하는 것처럼 여겨져서 불쾌하기조차 하다는 것이다. 자칫하면 고대 신라 왕실의 마복자 및 색공제도를 찬양하고 계승하는 것이 될 수 있다.

둘째로 처용설화 자체가 무속적, 불교적으로 채색되어 있으므로 가치관의 측면에서 볼 때 중립적이지 못하다는 것이다. 현대는 종교다원화 시대이며, 특정한 종교사상이 반영된 문화제를 고집할 경우에 다른 종교를 가진 시민들의 적극적인 참여를 기대할 수 없다. 따라서 처용제는 울산 시민 모두가 거부감 없이 참여할 수 있는 새로운 이름으로 변경할 필요가 있다.

셋째로 울산시의 로고 등에 처용설화의 용 사상龍思想이 반영되어 있다. 문제는 용에 대한 관념이 한국과 중국에서는 왕권을 상징하는 상서로운 내용을 함축하고 있으며, 때로는 미래불인 미륵을 상징하기도 하지만, 서양에서는 사탄과 마귀를 지칭하고 있어서 기독교인들에게는 문화적 반감을 불러일으킬 수 있다.

그렇다고 해서 기독교인들이 앞장서서 처용제 반대운동이나 울산시의 로고를 변경하라고 주장하는 것 역시 바람직하지 않을 것이다. 기독교권에서 처용제 반대운동을 펼칠 경우에 이미 기득권을 누리고 있는 불교계 및 지역 유지 등과의 치열한 다툼이 예상되며, 이로써 종교간의 대결구도가 확산될 위험도 매우 크기 때문이다. 따라서 이 문제를 울산시가 스스로 풀어갈 수 있도록 지적하는 선에서 인내하는 것이 좋을 것 같다.

7. 울산시의 정체성을 반영한 새로운 축제를

그러므로 우리는 울산시민 모두가 거부감 없이 참여할 수 있는 새로운 축제를 구상하지 않으면 안 된다. 이를 위해서 울산시는 성별, 직업별, 종교별 차이를 넘어서서 각계각층의 대표성 있는 유능한 인재들로 특별위원회를 구성하여 지금까지의 처용제 운영에 관한 전반적인 문제들을 반성하고 점검하는 동시에 새로운 문화축제를 개발할 수 있도록 해야 할 것이다. 현재 특정 단체 중심으로 움직이는 형태에서 전시민적 관심을 대표할 수 있는 인사들이 적극 참여할 수 있도록 논의구조를 개편하라는 것이다.

이 경우에 유념해야 할 몇 가지 기본 전제들이 있다. 첫째로 새로운 축제는 종교적 색채가 없는 가치중립적인 이름을 가져야 하며, '울산', '태화강', '반구대' 등으로 시작하는 것이 좋을 것이다. 둘째로 현재 소비지향적인 향락 위주의 프로그램을 대중적이면서도 동시에 생산적일 수 있는 방향으로 유도할 필요가 있다. 부산국제영화제나 광주비엔날레 등에 비견될 수 있는 예를 들면 '울산국제뮤지칼축제'같은 것이어야 한다. 이상에서와 같은 필자의 주장은 개인적인 생각이나 제안에 불과하며, 이것이 울산과 울산문화의 정체성을 새롭게 규정하는 계기가 되기를 빌어마지 않는다. (2006.12.30)

처용설화의 독해법

울산광역시의 대표축제 처용문화제가 기념하고 있는 처용설화는 관용정신이나 호국정신과는 아무런 관련이 없으며, '신국神國의 도道'라고 알려진 신라왕실의 성 풍속을 가장 구체적으로 표현한 작품이라는 것이 필자의 생각이다.

1975년 미추왕릉지구 발굴지대에서 토기 조각들이 발굴되었다. 그 조각들을 복원한 국보 195호 장경호長頸壺에는 성교性交토우土偶가 붙어 있다. 그 토우에서 우리는 신라인들의 성생활에 대한 개방적인 표현을 한 눈에 볼 수 있다.

1989년과 1995년에 김대문의 『화랑세기』 필사본이 출현하였으며, 곧 바로 위작 시비에 휘말리고 말았다. 서강대 이종욱 교수 등 극소수의 학자들만이 『화랑세기』의 필사본이 위작이 아니라고 믿었다. 681년에서 687년 사이에 저술되었을 것으로 추정되는 김대문의 『화랑세기』는 540년부터 681년까지의 화랑지도자 풍월주 32명의 전기이다. 1145년 김부식이 『삼국사기』를 편찬할 당시에도 『화랑세기』는 존재하였다. 그 뒤 역사에서 사라진 『화랑세기』는 일본 궁내성 도서관에서 근무한 박창화의 필사본 형태로 1989년과 1995년에 발견되었다.

『화랑세기』의 필사본은 신라 왕실과 풍월주가 골품을 유지하기 위한 수단으로 근친혼, 색공色供, 마복자摩腹子, 어색漁色, 형사처수兄死妻嫂, 삼서제三婿制 등으로 활용했다고 기술하고 있으며, 우리는 그 사실을 『삼국사기』에서 확인할 수 있다.

근친혼은 신라왕실에서 일반적으로 발견되고 있다. 법흥왕의 딸 지소는 숙부인 입종의 부인이 되었다가 다시 이화랑의 부인이 된다. 지소부인은 입종에게서 난 아들 진흥왕과 그녀가 다시 박이사부에게서 얻은 딸 숙명공주를 혼인시켰다. 또한 그녀는 이화랑과 사통하여 얻은 딸 만호낭주를 진흥왕의 태자 동륜과 혼인시켰다. 자신의 딸들을 자신의 아들이나 손자와 맺어주었던 것이다.

왕실의 여인들 중에는 왕이나 왕족을 번갈아 모시는 색공色供이 있었다. 제6세 풍월주 세종의 부인이었던 미실은 진흥왕과 그의 두 아들 동륜태자와 금륜왕자(진지왕)와 관계하고, 다시 동륜태자의 아들인 진평왕과도 관계한다. 『화랑세기』에 의하면 동륜태자는 진흥왕의 후궁 보명궁주를 탐하고 나오다가 개에 물려 죽었다고 기술되어 있다. 색공과의 사이에 태어난 아들을 마복자摩腹子라고 한다. 배를 문질러 낳았다는 뜻이다. 이처럼 신라왕실의 여인 관계는 난맥상이다.

색공이 왕실 여인의 공유 형태나 아내 상납의 형태인 반면에 어색漁色은 남의 아내를 빼앗는 것이다. 무열왕의 사위 품석이 부하들의 아내를 빼앗은 것은 유명한 이야기이다.

형사처수兄死妻嫂는 형이 죽은 후에 그 동생이 형수와 자식을 물려받는 것을 말한다. 용춘공이 형의 부인 천명공주를 처로 삼고 김춘추를 아들로 삼은 것이 대표적이다.

삼서제三婿制는 여왕이 대통을 잇기 위하여 남편을 세 사람까지 둘 수 있다는 제도이다. 선덕여왕은 용춘공 이외에 두 사람과 더 관계하였으나 대를 잇지 못하고 진덕여왕에게 보위를 물려주었다.

처용설화를 제대로 이해할 수 있는 열쇠가 바로 '신국의 도'이다. 일연스님은 삼국유사에서 처용설화를 망해사望海寺 창건에 중심을 맞추고 있다. 그것의 다른 이름은 신방사新房寺이다. 왜일까? 처용사건이 있었던 헌강왕 5년 3월에 왕은 동쪽 지역을 순행하다가 미인을 만나 관계를 가졌으며, 그 사이에서 얻은 마복자를 숨겨두었다. 그가 바로 진성여왕 9년(895년) 10월에 태자가 된 요嶢였으며, 897년에 즉위한 효공왕孝恭王이다.

그런데 헌강왕이 취한 미인은 호족들에 의하여 바쳐진 것인가(색공), 아니면 우연히 만나서 강탈한 것인가(어색). 그것을 단정할 수 있는 근거는 아직 발견되지 않는다. 그러나 헌강왕이 야합으로 얻은 마복자를 둔 것은 확실하다.

헌강왕의 동생 정강왕에 이어 왕위를 계승한 진성여왕은 숙부인 각간 위홍을 남편으로 삼았으며, 미소년들을 가까이에 두었다. 이것은 삼서제에 다름 아니다.

진성여왕을 계승한 효공왕은 헌강왕 때 시중侍中을 지낸 예겸乂謙, 銳鎌의 딸을 왕비로 맞이한다. 그런데 효공왕 이후의 권력구도에 이상징후가 발견된다. 그것은 헌강왕의 두 딸과 연관된다. 헌강왕의 한 딸은 효공왕 때 시중을 지냈던 효종랑孝宗郎의 부인 계아태후桂娥太后이다. 김씨왕손인 효종랑은 효공왕 사후 왕위 등극 1순위였다. 헌강왕의 다른 한 딸은 이찬 문원文元의 아들 경휘景暉와 혼인하는데, 그녀가 바로 제53대 신덕왕神德王의 의성왕후義成王后이다.

그런데 신덕왕의 어머니 정화부인貞和夫人은 제8대 아달라왕阿達羅王의 후예인 반면에, 신덕왕의 아버지는 예겸乂謙, 銳鎌과 문원文元으로 되어 있다. 예겸은 헌강왕의 등극 당시 시중이었던 인물로서 처용사건이 발생한 직후인 헌강왕 6년에 사직했던 인물이다. 그래서 박인희는 2004년에 발표한 논문에서 문원이 처용이고, 예겸이 처용부인을 겁탈한 역신일 것이라고 추정한다.

문제는 거기에서 그치지 않는다. 박교수는 예겸과 문원이 정화부인을 사이에 두고 박씨왕권을 세우기 위하여 결탁했을 가능성이 크다고 보았다. 실제로 그들은 혼인정책을 통하여 결속한 흔적이 보인다. 그렇다면 정화부인은 헌강왕이나 그 측근 왕실 인사인 예겸의 색공이었을 가능성이 크며, 문원의 처가 된 이후에도 계속해서 관계를 가졌을 가능성이 크다. 헌강왕의 야합사건이 문원-처용, 예겸-역신설과 함께 오버랩 되고 있는 것이다. 이 점에서 처용설화는 중층적인 의미구조를 가지고 있다고 보아야 한다.

처용설화는 이처럼 역신이 왕이나 왕족일 경우에, 그리고 왕권과 호족세력 간의 정치적 갈등을 전제할 경우에만 그 전모를 파악할 수 있다. 처용은 당시의 성 풍속 때문에 소극적으로 대처할 수밖에 없었을 것이다. 사정이 이렇다면 처용의 행위는 관용정신과 아무런 관계도 없으며, 그것은 신라왕실의 섹스 스캔들에 지나지 않는 것이다. 따라서 울산시가 처용설화를 울산시민들 모두가 추구해야 할 가치로 승화시키는 것은 문제가 있다고 본다. (2007.07.19)

처용설화와 '神國의 道'

울산광역시의 대표축제 처용문화제가 기념하고 있는 처용설화는 '신국神國의 도道'라고 알려진 신라왕실의 성풍속을 가장 구체적으로 표현한 작품이라는 것이 필자의 생각이다.

화랑세기는 신라 왕실과 풍월주가 골품을 유지하기 위하여 '신국의 도'를 운용하고 있었다고 기술한다. 그것은 바로 근친혼近親婚, 색공色供, 마복자摩腹子, 어색漁色, 형사처수兄死妻嫂, 삼서제三婿制 등을 골자로 한다.

근친혼은 신라왕실에서 일반적으로 발견되고 있다. 제23대 법흥왕의 딸 지소는 숙부인 입종의 부인이 되어 제24대 진흥왕을 낳았으며, 제51대 진성여왕도 숙부 위홍을 남편으로 맞았다.

색공色供의 전형은 제6세 풍월주 세종의 부인이었던 미실이다. 미실은 세종, 사다함, 24대 진흥왕과 동륜태자, 25대 진지왕(금륜), 26대 진평왕(동륜태자의 아들), 설원랑, 미생(미실의 남동생)과 관계를 맺으면서 왕권에 깊숙이 개입하였다.

색공이 낳은 아들을 마복자摩腹子라고 한다. 배를 문질러 낳았다는 뜻이다. 색공이 왕실 여인을 공유하는 것 또는 아내를 상납하는 것이라면, '여자를 낚는다'는 뜻을 가진 어색漁色은 남의 아내를 빼앗는 것을 말한다. 무열왕의 사위 품석은 부하들의 아내들을 약취한 것으로 악명이 높았다.

형사처수兄死妻嫂는 형이 죽은 후에 형수와 자식을 물려받는 것을 말한다. 용춘공이 형의 부인 천명공주를 처로 삼고 김춘추를 아들로 삼은 것이 가장 대표적이다. 또한 삼서제三婿制는 여왕이 대통을 잇기 위하여 남편을 세 사람까지 둘 수 있는 제도이다. 선덕여왕은 용춘과 용수공(천명공주의 남편), 흠반공과 을제공을 상대하였으나 후사를 보지 못하고 진덕여왕에게 보위를 물려주었다.

『화랑세기』에 나오는 '신국의 도'는 처용설화를 이해할 수 있는 열쇠가 된다. 처용설화에는 헌강왕에서 경순왕까지의 왕권과 관련된 다양한 형태의 성 풍속이 전제되어 있다. 우선 헌강왕의 마복자 요嶢의 출생은 처용사건이 있었던 헌강왕 5년(879) 3월에 동쪽 지역을 순행하다가 만난 미인과의 관계를 전제한다. 이것은 색공이 아니면 어색일 것이다. 일연스님이 망해사望海寺의 다른 이름을 신방사新房寺라고 한 것은 이 사건에서 연유된 것으로 볼 수 있다.

헌강왕의 여동생, 제51대 진성여왕은 숙부인 각간 위홍을 남편으로 삼았으며 미소년들을 가까이에 두었다. 이것은 근친혼에다가 삼서제가 겹친 것이다. 진성여왕을 계승한 효공왕 사후에 제53대 신덕왕이 등극하는데, 어떤 학자는 그의 아버지 문원이 바로 처용이라고 주장하기도 한다.

『삼국유사』에는 신덕왕의 아버지가 문원文元이고 의부가 예겸乂謙, 銳鎌이라고 기술된 반면에, 『삼국사기』에는 신덕왕의 아버지를 예겸이라고 적고 있다. 그들은 신덕왕의 어머니 정화부인貞和夫人과 관련이 있다. 그래서 문원(처용)의 처를 겁탈한 역신이 헌강왕때 시중을 지냈던 예겸이라는 주장이 나온 것이다. 이 두 사람이 박씨왕권을 세우기 위하여 혼인정책을 통하여 결탁했다면 처용은 결국 그의 부인을 색공으로 인정한 셈이다.

헌강왕의 한 딸이 신덕왕의 왕비가 된 반면에 다른 한 딸은 효종랑과 결혼하여 아들을 낳았으며, 그가 신라의 마지막 임금인 경순왕이다. 처용설화는 헌강왕에서 경순왕에 이르기까지 망해가는 신라왕실의 성풍속도를 그려내고 있는 것이다.

(2007.07.21)

처용으로는 안 된다

울산공업축제가 처용문화제로 바뀐 지 벌써 17년이나 되었다. 처용문화제는 설립 당시부터 외설논란으로 적절성과 정체성에 대한 비판이 계속되어 왔으며, 지금까지 한 번도 시민들이 만족할만한 축제를 내놓지 못했다. 그야말로 시민의 혈세를 낭비하는 실패한 축제였다.

울산광역시 승격 10주년을 맞이하여 이제 시민들 스스로 추구해가야 할 가치지향을 새롭게 정립해야 할 필요가 생겨났다. 그 중에서 가장 긴급하게 다루어야 할 사안은 울산광역시의 대표축제로서 치러지고 있는 처용문화제의 적절성일 것이다. 처용주제의 외설 논란은 처용문화제 출범 당시부터의 화두이었기 때문이다.

자신의 부인을 범한 역신에 대한 처용의 태도는 학계에서 관용(김동욱), 체념(김열규), 진노(이기문), 경고(박인희) 등으로 다양하게 해석되어 왔다. '관용'은 이 여러 입장 중의 하나에 지나지 않지만, 당시 처용문화제 제안자들과 현 추진위원회 지도부는 처용정신을 '관용과 화합'이라고 주장하고 있다. 그러나 이처럼 관용으로 볼 경우에는 반드시 처용부인과 역신의 간통 사실이 전제되지만, 추진위 지도부는 관용을 주장하면서도 간통 사실은 부정한다. 간통이 아니라면 관용도 불필요하기 때문에 간통 사실을 부정하면서 관용을 주장하는 것은 자가당착이다.

이보다 더 심각한 문제가 있다. 추진위 지도부는 처용설화가 외설적이 아니라고 주장하면서 역신은 돌림병이고 처용은 역신을 가무로써 축출했다고 주장한다. 그러나 '사악한 것으로 물리치고 경사스러운 데로 나아간다'는 이른바 벽사진경辟邪進慶의 정신을 내세울 때 처용은 곧 무당이 된다. 실제로 대부분의 학자들은 처용을 남무, 무격, 동해용신의 사제 등 무당으로 보고 있다. 그들의 주장대로라면 처용문화제는 무당축제가 된다. 문제는 1991년 당시 처용문화제를 제안한 학자 및 관련자들이 이런 사실을 시민들에게 정확하게 고지했는가 하는 점이다.

대부분의 학자들이 처용을 무당으로 보고 있다는 사실, 그러므로 처용문화제는 무당축제일 수도 있다는 사실을 시민들에게 제대로 알렸다면 처용문화제는 아예 출범조차 하지 못했을 것이다. 그러나 필자는 대부분의 학자들이 처용을 무당으로 해석하는 것은 방법론상의 결함이 있다고 본다. 처용설화를 벽사진경으로 해석하는 것을 무속적, 민속학적 해석이라고 부른다.

처용설화를 무속적, 민속학적으로 해석할 경우에 역신을 축출한 벽사진경과 망해사를 짓게 된 것까지는 설명할 수 있을지 모르지만, 처용설화가 왕권과 관련된 『삼국유사』 기이편에 수록된 사실이나, 망해사의 다른 이름이 신방사新房寺라는 사실, 그리고 신라왕실의 멸망을 예고하고 있다는 사실(國終亡)과 그 원인이 탐락자심耽樂滋甚에 있다는 점을 설명할 수 없다. 따라서 이 문제를 해결하려면 기존의 무속적 해석을 뒤집어서 살펴야 한다. 이른바 전복적 해석학과 탈신화화의 방식으로 접근해야 하는 것이다.

처용가는 신라 왕실의 골품제도라는 성 풍속의 일면을 가장 적나라하게 묘사한 작품으로서, 그 텍스트의 내용은 있는 그대로 읽혀져야 한다. 처용은 자신의 부인과 역신의 성 행위 장면을 실제로 보았고 그것을 구체적으로 묘사한 것이다. 실제로 『삼국유사』나 『삼국사기』에 신라인의 성풍속을 살펴볼 수 있는 여러 단서들이 있으며, 경주에서 발견된 진흙으로 빚은 항아리 장경호의 목 부분에 붙어 있는 성교 토우는 당시 신라인들의 성 풍속을 적나라하게 들여다 볼 수 있게 한다.

처용가는 성담론적으로 이해될 경우에만 처용설화의 전체 맥락과 정합적으로 해석될 수 있다. 처용설화의 원형적인 모습은 신라왕실에서 '신국의 도'라고 불리는 특이한 성생활이 관찰된 묘사이며, 이것은 헌강왕 사후 50년 동안의 방탕한 왕실의 기강이 결국 국가를 멸망에 이르게 했다는 참언적 사실과 연계될 수 있다. 그 경우 처용 호족자제설(이우성), 처용 효공왕설(김기홍), 처용 문원설(박인희), 처용 경순왕설(조수학) 등이 의미 있게 해석될 수 있는 지평을 확보할 수 있게 된다.

이러한 여러 학설들 중에서도 처용은 신덕왕의 아버지 문원이고 역신은 예겸일 것이라는 박인희 교수의 가설이 가장 설득력 있게 보인다. 예겸은 처용사건이 있었던 헌강왕 당시 시중이었으며, 나중에 효공왕에게 딸을 왕비로 내주었던 막강한 인물이다. 문제는 신덕왕의 아버지가 문원과 예겸 두 사람으로 기술되고 있다는 데서 출발한다.

제53대 임금으로 등극한 신덕왕神德王의 출생은 상당히 복잡하다. 『삼국사기』에는 신덕왕 박경휘朴景徽의 아버지가 대아찬 예겸, 어머니는 정화태후로 되어 있다. 왕비는 헌강왕의 딸인 김씨 의성황후(자성 또는 효자)이다. 신덕왕 원년 5월에 예겸이 죽자 선성대왕宣成大王으로 추존했다는 기록이 있다.

이와 반대로 『삼국유사』에서는 신덕왕의 어머니는 제8대 아달라왕의 피를 받은 정화부인으로 동일하게 기록되어 있지만, 아버지는 문원 이간으로 흥렴대왕에 추봉되었다고 씌어 있다. 덧붙여서 신덕왕의 의부義父는 예겸 각간이며 선성대왕에 추봉되었다는 기록이 나온다. 신덕왕의 아버지가 두 사람이라는 것은 그들이 정화부인을 놓고서 각축을 벌였다는 것을 의미하며, 이는 시기적으로 처용부인과 역신의 사통사건과 일치한다.

신덕왕은 국인추대國人推戴의 형식으로 왕이 되었다고 적혀 있다. 그러나 이것은 골품제가 무시되었다는 것을 뜻한다. 효공왕 당시에 시중이었던 효종은 김씨이고 헌강왕의 딸과 혼인한 상태에 있었다. 그는 인품이 훌륭한 사람으로 알려져 있으며, 골품서열상 효공왕 사후 왕위 등극 1순위 인물이었다. 그런데 왕권은 김씨가 아닌 박씨에게로 넘어갔다. 이는 신덕왕의 두 아버지 문원과 예겸 사이에 왕권쟁탈을 위한 막후교섭이 작동되었던 사실을 추정할 수 있게 한다.

만일에 처용과 역신이 결탁하여 왕권을 쟁탈한 것이라면 그것은 신라왕실의 존립 기반을 와해한 결정적 계기로 재평가되어야 할 것이다. 처용설화는 정치적 야합, 그리고 왕권구축을 위하여 신화화 과정을 거치게 되는 데, 이 때 색공적 요소가 배제되고 벽사진경의 원리로 채색되기에 이른다. 그러한 전통은 고려 처용가에서 절정에 이르며, 이것은 고려와 조선시대를 거치면서 궁중의 나례음악으로까지 발전하게 된다. 그러나 그것은 처용설화의 일부분에 불과하다. 처용설화의 성적 요소는 처용희의 형태로 전승되고, 신라왕실의 멸망을 노래한 비가적 요소들은 별도의 형식으로 분리 전승된 것이다. 후대의 사람들은 고려 처용가의 벽사진경적 요소만 보게 되고, 그것을 통하여 신라 처용가를 해석하였기 때문에 무속적, 민속학적 해석이 주도적인 현상으로 나타났던 것이다.

처용가는 신라왕실의 골품제가 타락하던 시기에 주인공이 직접 목격한 사건이 분명하다. 울산시가 이런 처용 사건을 기념한다는 것은 적절하지 않으며, 이는 시민들의 명예와 품위를 손상하는 일이 될 것이다. (2007.08.04)

처용추진위 지도부의 자가당착

25년 전통의 울산공업축제가 일부 인사들의 잘못된 판단에 의하여 처용문화제로 바뀐 지 벌써 17년이나 되었다. 처용문화제는 시초부터 정체성 논란에 휩싸였으며, 일부 문화권력자들을 위한 바로 "그들만의 축제"로 전락하였다. 그렇게 누적된 시민들의 불만을 울산문화연대가 대변하고 나섰다. 그런데 이에 대한 처용문화제추진위원회 지도부는 너무나 안이하고 무책임한 궤변만을 늘어놓고 있다. 그들의 주장은 크게 세 가지로 정리할 수 있다.

첫째, 왜 하필이면 축제 직전에 반대운동을 하느냐는 것이다. 그것도 일부 단체들이 주도하고 있다는 것이다. 그들은 이 주장에서 자신들의 직무유기 사실을 스스로 폭로하고 있다. 지난 해 11월 처용문화제 심포지엄에서 필자는 처용 명칭 사용에 심각한 문제점이 있으며, 이를 계속 사용할 경우에 시민적 저항에 부딪칠 것이라고 예고한 바 있다. 박종해 위원장 역시 처용 관련 축제들을 모아서 별도의 축제를 할 필요가 있다고 발언하였으나 아무런 조처도 취하지 않았다. 2004년 울산문화예술발전계획에서도 처용 이미지가 지역 정체성을 보여주지 못하고 시민들의 공감대를 얻지 못한다고 지적한 바 있다. 이러한 사실들은 추진위에서도 알았지만 무시되었다.

특히 울산광역시는 2005년 처용문화제의 지원 조례를 제정하고 7억원의 시비예산을 편성해 오면서, "전 시민의 참여확대를 통한 정체성 확립과 시민들의 자긍심 고취에 관한 사항"(제4조 3항)을 위임하였다. 그러나 추진위 지도부는 이 위임 사항마저 무시하고 직무유기로 일관하였다.

둘째, 외설 주장은 수 백 개 학설 중의 하나에 지나지 않으며, 그런 주장은 언론에 발표하지 말고 논문을 써서 학계의 검증을 받으라는 것이다. 이 주장은 추진위 지도부가 시민들의 주장에 어떤 태도를 취하고 있는 가를 단적으로 보여준다. 처용 주제의 외설 논란은 처용문화제 출범 당시부터의 화두였다. 자신의 부인을 범한 역신에 대한 처용의 태도는 학계에서 관용(김동욱), 체념(김열규), 진노(이기문), 경고(박인희) 등으로 다양하게 해석되어 왔다.

특히 관용으로 볼 경우에는 처용부인과 역신의 간통 사실이 전제될 수밖에 없다. 그러나 현 추진위 지도부는 관용을 주장하면서도 간통 사실은 부정한다. 최장춘 명리학연구가가 지적한 것처럼 간통이 아님에도 불구하고 관용을 강조하는 것은 자가당착이다. 간통이 아니라면 관용이 불필요하기 때문이다.

재미있는 것은 박종해 추진위원장조차도 "역신이 처용의 아내와 동침하는 장면"은 "남녀 상열지사"(간통)가 아니고, "일방적으로 당한 사실"(강간)이라고 규정함으로써 교합사실만은 인정하였다(경상시론 2005.04.07). 그러나 그는 자기가 한 일조차도 알지 못하였다.

또한 학술적인 주장은 학술대회, 논문, 저서, 기고문, 자유토론 등 매우 다양한 형태로 이루어진다. 줄기세포 조작사건에서 보는 것처럼 과학적 주장도 세인의 관심 대상일 경우에는 언론에서 다루는 것이 상식이다. 그런데 처용지도부는 자신들의 주장은 마음대로 펴면서도 우리 주장은 언론에 발표하지 말라고 억지를 부리는 것이다.

셋째, 처용문화제의 명칭폐지는 시민동의 없이 이루어질 수 없다는 것이다. 그러나 이 주장 역시 그들 스스로 구축한 '문화권력'을 내놓지 않으려는 기만술에 지나지 않는다. 시민들의 문제제기는 바로 시민들의 직접적인 의사이다. 25년 전통의 울산공업축제를 처용문화제로 바꾼 것은 권위주의 시대의 문공부 장관과 그에 동의한 일부 울산지역 인사들에 의해서였으며, 지난 17년 동안 신춘희, 김종경 등 울산지역의 대표적인 문화칼럼니스트들로부터 비판을 받아왔다.

지난 해 한국종합예술학교 홍승찬 교수는 처용문화제의 정체성과 시민참여도에 문제가 있다고 지적하면서 이를 축소하고 월드 뮤직 페스티벌을 확대하라고 주문한 바 있다. 올해의 처용문화제가 월드 뮤직 페스티벌 중심으로 개편된 것은 처용문화제추진위 스스로 처용문화제의 기본방향을 포기했다는 결정적인 증거인 것이다. (2007.08.04)

처용설화의 외설 논란

처용문화제추진위원장 박종해 선생이 한 언론사의 인터넷판과 두 언론사의 지면 등 세 차례에 걸쳐서 필자의 실명을 적시하여 비방하는 글을 기고하였다. 박종해 선생은 필자를 "궤변과 낭설을 일삼는 자", "횡설수설, 소설도 삼류소설 같은 주장을 하는 사람", "황당무계하고 기상천외한 주장"을 내세우는 사람으로 매도하였다. 이 정도는 참을만하다.

모교수가 주선한 지난 7월 25일의 점심 회합에서도 필자는 선생으로부터 거의 시정잡배들이나 할 수 있는 욕설과 비방을 감수해야 했다. 그러나 이 부분은 선생 자신의 인격과 체신에 관한 일이므로 더 이상의 대응이 불필요하다고 생각한다.

다만 처용설화와 관련된 해석상의 문제에 대해서는 분명한 입장을 전하고자 한다. 최근 김학성, 이우성, 이용범, 정수일, 조수학, 김승찬, 김기흥, 박인희 등의 학자들을 주축으로 처용이 누구인가에 대한 정체 규명 연구가 활발하게 진행되고 있다. 이들에 의하면 처용은 '무당', '아랍인 도래자', '호족의 자제', '효공왕 요', '신덕왕의 아버지 문원', '경순왕' 등으로 매우 다양하게 기술된다.

처용에 관한 연구결과가 수 백 편에 달하고 있으나, 그 연구

자체의 타당성에 대한 분석은 거의 이루어지지 않았다. 여기에서 처용설화 연구에 대한 철학적 분석의 필요성이 제기된 것이다. 철학은 학문방법론의 학이다. 따라서 기존의 학설들이 전제하고 있는 방법론 자체의 결함이나 논리적 일관성이 없는 부분을 지적함으로써 사이비 학설을 도태시키는 것이 바로 철학의 과제이다.

기존의 처용 관련 논문들을 살펴보면서 필자는 상당수의 논문들이 완성도가 부족할 뿐만 아니라 일방적인 해석에 머물러 있다는 사실을 발견하였다. 그러나 처용이 신덕왕의 아버지 문원이고, 헌강왕 당시 시중을 지냈으며 나중에 효공왕의 장인이 되었던 예겸을 역신이라고 본 박인희 교수의 2004년 논문은 확실히 달랐다.

7월 25일 회합에서 있었던 일이다. 선생은 "거의 모든 박씨(8대군파, 국상공파)는 54대 경명왕의 자손이며, 경명왕의 아버지가 53대 신덕왕이고, 신덕왕의 아버지가 박예겸"이라는 사실을 밝히면서, 필자가 박씨문중의 명예를 실추시켰다고 책망하였다.

선생은 또한 기고문에서 "역사서에도 없는 사실을 날조하여, 예겸공을 신덕왕의 '의부'라고 하고, 처용을 문원이란 사람과 동일시하여, 신덕왕의 '생부'라고 한다"고 필자를 비난하였다. 박씨족보에는 신덕왕의 아버지가 예겸공으로 나와 있기 때문에 사리에 맞지 않는다고 주장한 것이다.

그러나 신덕왕의 아버지가 문원과 예겸 두 사람이라는 사실은 필자와 박인희 교수가 날조한 것이 아니다. 『삼국유사』 왕력王歷편은 신덕왕, 경휘의 어머니는 정화부인이고 그 아버지는 문원文元 이간伊干으로 흥렴대왕興廉大王으로 추봉追封되었고, 의

部義父는 예겸銳謙 각간角干으로 선성대왕宣成大王에 추봉되었다고 적고 있다.

선생은 "50대 정강왕 때 대아찬을 지낸 분이 남의 부인을 범접하려 했겠는가", 그랬다면 "어떻게 그가 선성대왕으로 추존될 수 있었겠는가"라고 항변하면서 필자와 박인희 교수가 박씨 문중의 명예를 훼손했다고 단정하였다.

그러나 일연스님은 예겸(신덕왕의 의부)만 왕으로 추존된 것이 아니라, 문원(신덕왕의 친부) 역시 왕으로 추존되었다고 증언하고 있다. 문원이 신덕왕의 아버지가 아니라면 어떻게 그가 왕으로 추존될 수 있었을까? 이 사실은 신덕왕의 두 아버지와 정화부인과의 복잡한 관계를 암시한다. 그러나 필자는 이러한 역사적 사실이 박씨문중의 명예를 손상시켰다고는 생각하지 않는다. 신라 왕실과 지배층은 그 당시 그렇게 살았기 때문이다.

그러나 이러한 외설논란은 처용문화제가 울산시의 대표축제로서 부적합하다는 반증이 될 수 있다. 박씨문중의 일원으로서 선생이 이 부분에 대하여 수치심을 느끼고 명예훼손까지 고려하였다면 매우 유감스러운 일이다. 공인으로서 선생이 가문의 명예보다 울산시민들의 명예와 자긍심을 먼저 걱정했더라면 좋았을 것이다. (2007.08.09)

처용문화제 명칭변경 운동

1. 울산문화연대, 포럼 메소테스, YMCA, YWCA, 울산기윤실 등 시민단체들이 처용문화제 명칭변경 범시민운동본부를 결성하고 5만명 서명운동에 돌입하였다.

2. 1967년부터 실시된 25년 전통의 울산공업축제를 일부 인사들이 주도하여 1991년부터 처용문화제로 변경하면서부터 지금까지 외설논란 등 정체성 시비가 끊이지 않고 있으며, 시민의 불화요인이 되고 있다.

3. 처용문화제 관계자들은 처용설화에 나타난 관용정신과 호국사상을 기린다는 목적을 내세우고 있지만, 처용에 대한 학설은 난립한 상태에 있다. 기본 텍스트인 처용가 역시 성애적인 표현을 담고 있으며, 화합보다는 야합의 성격이 더 강하다. 따라서 처용문화제는 울산시의 정체성을 대변할 수 없으며 대표축제로 부적합하다는 여론이 비등하다.

4. 처용설화는 역신을 퇴출시킨 벽사진경辟邪進慶의 이야기로 항간에 유포되었으나, 사실은 헌강왕의 마복자가 제52대 효공왕으로 즉위한 사건(897년)이나 제53대 신덕왕의 국인추대 사건과 관련이 있다. 이는 신라왕실이 탐락에 빠져서 망해가는 모습을 그려내고 있으며, 그 핵심은 골품제도의 폐쇄성과 타락상이다.

5. 처용설화의 주제와 내용은 그 나름대로 문학적, 예술적 가치를 가질 수 있으나, 현대 울산시민들이 추구해야할 가치지향으로서는 부적절하다. 또한 대부분의 학자들은 처용을 무당으로 규정하고 있어서 종교적인 편향성까지 드러내고 있다.

6. 처용문화제추진위는 41회 축제를 처용컨셉을 버리고 '월드뮤직 페스티벌' 중심으로 치르고 있다. 이미 처용문화제는 죽고 월드뮤직축제가 된 것이다. 따라서 처용문화제의 명칭도 폐지해야 할 것이다.

7. 울산의 대표축제를 '월드 뮤직 페스티벌'로 계속할 것인가는 시민들의 동의가 필요하다. 현재 일부 인사의 전횡으로 이런 일이 벌어지고 있지만, 울산시민들은 울산의 대표축제를 세계음악축제 형태로 해도 좋다고 동의한 사실이 없다.

8. 울산에는 처용보다 더 훌륭한 문화유산과 인물들이 많다. 반구대 암각화, 천전리 각석, 쇠부리와 고래, 생태의 보고 태화강, 충절의 표상 박제상, 한글학자 최현배, 독립투사 박상진, 한국의 경제신화 정주영이 있다.

9. 더 좋은 축제를 만들 수 있다. 25년의 전통의 울산공업축제를 복원하여 쇠부리산업축제로 만드는 방안도 있고, 울산의 한복판을 흐르는 푸른 태화강을 배경으로 한 선박축제, 자동차 축제, 음악축제, 산업디자인전 등을 펼칠 수도 있다. 반구대암각화와 고래 이미지를 연결하여 반구대고래축제를 구상할 수도 있고, 선사문화축제를 발굴할 수도 있다.

10. 울산광역시 승격 10주년을 맞이하여 처용문화제를 폐지하고 울산 시민들 모두가 참여할 수 있는 새로운 축제를 찾아 나서야 한다. (2007.08.13)

처용추진위의 은폐 사실

최근 학벌을 존숭하던 우리나라에서 학력 사기사건이 잇따라 터져나오고 있다. 사회적으로 존경과 선망의 대상이었던 사람들이 갑자기 외국으로 도피하는 촌극이 벌어진 것이다. 그런데 사기사건은 학력의 위조와 변조에 그치지 않은 것 같다. 울산광역시의 대표축제인 처용문화제 역시 그와 같은 범주에 해당되기 때문이다.

관용과 화합의 정신으로 울산시민의 자긍심을 고취하겠다고 시작된 처용문화제는 울산시민을 우롱하고 기만하는 한 편의 사기극이었다. 지난 17년 동안 처용문화제는 한 번도 축제다운 축제, 성공한 축제가 되지 못하고 '그들만의 잔치'로 전락하고 말았다. 처용문화제가 실패할 수밖에 없었던 것은 처음부터 처용주제가 외설 논란에 빠져서 해마다 정체성 시비에 휘말렸기 때문이다.

어느 누가 보아도 처용가의 텍스트는 남녀의 상열지사를 노래하고 있다. 이 노래는 신라 사람들의 성 풍속의 단면을 있는 그대로 보여주고 있다. 5세기 경의 작품으로 알려진 진흙토기 장경호에 달린 성교 토우는 신라 사람들의 성생활을 그대로 그려내고 있다. 『삼국유사』와 『삼국사기』에도 신라인의 성에 대한 솔직한 이야기들이 소개되고 있다.

『삼국유사』 지철로(지증)왕 편에는 왕의 음경의 길이가 한자 다섯 치라서 좋은 짝을 찾기가 어려웠는데, 모량부 동로수 근처에서 북만한 크기의 똥덩이를 발견하여 그 주인을 찾아 황후로 맞아들였다는 기사가 있다. 또한 『삼국유사』 문호왕文虎王 법민法敏 조에는 왕의 서제 차득공이 밀명을 받아 잠행할 때 무진주에 사는 안길安吉이 그를 집에 맞아들여 자신의 처첩을 제공했다(異客款待)는 기사가 있다. 이처럼 신라왕실의 성 풍속이 역사서에 생생하게 기록되어 있는 것으로 보아서, 처용가의 외설적 묘사 역시 문학적 비유가 아닌 실제 사실로 보아야 할 것이다.

그 뿐만이 아니다. 『삼국유사』 도화녀와 비형랑 조에는 진지왕의 혼령이 도화녀를 잉태시켜서 비형랑을 낳았다는 기록이 있고, 『삼국사기』에는 헌강왕이 울산지역을 순행할 때 미인을 약취한 사건이 수록되어 있다. 해마다 울산에서 열리는 헌강왕 퍼레이드는 사실상 그가 울산 여자를 강탈한 사건을 기념하기 위한 것이 된다. 이 얼마나 가당찮은 일인가.

자신의 부인을 범한 역신에 대한 처용의 태도를 학계에서는 관용(김동욱), 체념(김열규), 진노(이기문), 경고(박인희) 등으로 다양하게 해석되어 왔다. 그런데 1990년 당시 처용문화제 제안자들과 처용문화제 현 추진위원회 지도부는 처용정신이 '관용'이라고 고집하였다. 그러나 쉽게 납득이 되지 않는다. 이처럼 관용으로 볼 경우에는 처용부인과 역신의 간통 사실이 반드시 전제되어야 한다. 자기 부인이 역신과 간통한 현장을 적발하고서도 춤과 노래를 부르는 것을 관용이라고 해도 좋은 것인지 알 수 없지만 이를 해마다 기념하는 것은 역겨운 일이다.

그런데 한 술 더 떠서 추진위 지도부는 관용을 주장하면서도 간통 사실은 부정한다. 그러나 간통 사실을 부정하면서 관용을 주장하는 것은 사리에 맞지 않는다. 관용을 말하려면 외설을 인정해야 한다. 그러나 추진위 지도부는 처용설화가 외설이 아니라고 주장한다. 처용의 부인을 덮친 역신은 돌림병을 나타내는 여신이고, 처용은 자기 부인을 범한 역신을 창칼이 아닌 가무로써 축출했기 때문에 위대하다는 것이다. 그래서 '사악한 것으로 물리치고 경사스러운 데로 나아간다'는 이른바 벽사진경辟邪進慶의 정신을 내세운다.

벽사진경이나 제앙초복은 무속신앙의 근본 특성이다. 추진위 지도부의 말에 따르면 처용은 악귀를 축출한 무당이다. 실제로 80~90%의 학자들은 처용을 남자무당(巫覡), 동해용신의 사제 등, 무당으로 보고 있다. 따라서 처용문화제는 무속적 제의, 곧 무당축제가 된다.

무당축제를 한다고 해서 나무랄 일은 아니다. 아직도 굿을 해서 악귀를 축출하는 사람들도 많기 때문이다. 그러나 처용문화제는 어느 개인이 사사로이 행하는 굿판이 아니고, 울산시민들의 혈세로 공공적으로 운영하는 울산시의 대표축제이다. 따라서 무당축제를 하려면 전시민의 동의가 있어야 한다.

문제는 1991년 당시 처용문화제를 제안한 학자 및 관련자들이 이런 사실을 시민들에게 정확하게 고지했는가 하는 점이다. 대부분의 학자들이 처용을 무당으로 보고 있다는 사실, 그러므로 처용문화제가 무당축제라는 사실을 시민들에게 제대로 알렸는가 말이다. 처용문화제추진위원회 지도부가 알고 있듯이 처용이 벽사진경을 한 무당이었던 사실을 울산시민들도 모두 알고,

그것을 기념하기로 동의해서 처용문화제를 울산시의 대표축제로 확정했다면 어느 누구도 이의를 제기하지 못할 것이다.

그러나 그 사실을 숨기고 일부인사들의 야합으로 처용문화제를 관철시켰다면 그것은 분명 범죄행위이다. 울산시의 대표축제는 기독교나 불교의 행사가 되어서도 안 되고, 무속신앙이라는 종교적 편향성을 띄어서도 안 되기 때문이다.

(2007.08.24)

울산 대표축제의 조건에 대하여

1. 무당파성(보편성)

울산사회에서 대표축제가 될 수 있는 컨셉의 일차적인 조건은 종교적 편향성이 없어야 한다는 것이다. 축제란 본래 종교적인 것이다. 가장 유명한 축제는 종교적인 배경을 가지고 있다. 그러나 우리 시대에서 가장 심각한 갈등은 종교 분쟁이다. 아프카니스탄의 한국인 인질 사태 역시 그 출발점은 종교 분쟁에서 시작되었다. 현대의 한국사회는 종교다원화 사회이다. 우리는 지금 무속신앙, 선교, 도교, 불교, 유교, 기독교, 이슬람교 등이 혼재한 다원주의 사회 속에 살고 있다. 단일 종교문화의 경우에는 공적 자원으로 집행하는 축제라 할지라도 종교적 성격을 가져도 무방할 것이지만, 종교 다원주의 사회의 경우에는 이야기가 다르다.

따라서 특정한 약속이 없는 한, 종교 다원화 사회에서 세비로 운영되는 대표축제가 특정 종교에 치우칠 경우에는 타종교인들의 축제 참여를 원천적으로 봉쇄하는 결과를 초래할 수 있다. 이는 기회균등의 원칙에도 위배된다. 처용문화제는 지난 17년 동안 대부분의 학자들이 처용을 무당으로 본다는 사실을 숨겨 왔다. 이 사실을 울산의 기독교인들이 알게 된 것은 그리 오래되지 않았다. 처용문화제가 무속신앙에 바탕을 둔 축제라면 기독교 신앙을 가진 사람들이 부당성을 지적하는 것은 지극히 당연하다. 울산의 기독교인들 역시 울산시민이며, 따라서 축제에 참여할 권리가 있다. 그러나 울산시가 그들이 신앙적으로 참여할 수 없는 껄끄러운 컨셉으로 대표축제를 진행한다면, 결과적으로 그들의 행사 참여를 원천적으로 봉쇄한 것이 된다.

역지사지易地思之로 생각해 보면 사태가 분명해질 것이다. 특정 종교 인사들이나 종파주의자들이 시장에게 접근하여 울산시의 대표축제를 그들만의 행사로 치르기로 결정하였고, 그것을 나중에 다른 종교인들이 알게 되었다면 수긍할 수 없을 것이다. 대표축제는 특정 종교의 행사가 되어서는 곤란하다. 울산시가 시민의 화합과 단결을 도모하기 위한 축제를 생각한다면 우선 종교적 편향성부터 배제하는 것이 마땅하다.

2. 정체성(대표성)

대표축제가 되기 위해서는 시민 모두가 공감할 수 있는 문화적 정체성과 대표성을 가지고 있는 컨셉이어야 한다. 그런 것들로는 반구대고래축제나 글로벌산업축제 같은 것을 생각할 수 있다. 그런데 처용문화제의 경우에 처용이라는 인물은 설만 무성할 뿐이지 그가 누구인지 알 수 없으며, 그가 울산사람이라는 확정적인 문헌도 밝혀진 게 없다. 처용설화와 관련된 지명이 몇 개 있기는 하지만, 그것만으로는 대표축제의 구성 요건이 될 수는 없다.

처용은 동해용왕의 아들, 무당, 타락한 화랑, 호족의 자제, 아랍상인, 효공왕, 신덕왕의 아버지 문원 등 다양한 얼굴을 가지고 있다. 그는 왕의 얼굴에서 타락한 화랑이나 세속적으로 추락한 박수무당의 얼굴도 가지고 있다. 울산시는 처용의 좋은 이미지만 추려서 관용과 화합의 영웅이라고 미화하고 있지만, 그것은 시민들을 기만하는 일에 지나지 않는다. 최근 학벌을 존숭하던 우리나라에서 학력 사기사건이 잇따라 터져 나오고 있으며, 사회적으로 존경과 선망의 대상이었던 사람들이 갑자기 외국으로 도피하는 촌극이 벌어지고 있다. 울산광역시의 대표축제인 처용문화제 역시 그와 같은 범주에 해당된다고 볼 수 있다.

3. 일관성(명료성)

축제의 컨셉은 분명하고 일관성이 있어야 할 뿐만 아니라 교훈적이어야 한다. 오직 그 경우에만 시민들에게 긍지를 안겨 줄 수 있다. 특히 대표축제의 컨셉이 인물 중심일 경우에는 그의 업적이 분명하게 제시될 수 있어야 하고, 그에 대한 기억을 통하여 시민들이 자긍심을 가질 수 있어야 할 것이다. 문헌만으로 우리는 처용의 품성이나 업적을 일관성 있게 짐작하기가 어렵다. 처용문화제추진위원회 지도부는 처용설화의 다양성을 존중해야 한다고 주장하면서도, 처용이 관용과 화합의 인물이 아닐 수도 있다는 사실을 언급하면 울산을 사랑하지 않는 사람이라고 매도한다. 어느 누가 보아도 처용가의 텍스트는 남녀의 상열지사를 노래하고 있지만, 처용 컨셉이 외설적이라고 언급하면 역병을 퇴치한 것이라고 둘러댄다. 이처럼 해석이 분분하고 불분명한 컨셉은 분란과 갈등만을 초래할 뿐이며 따라서 대표축제의 브랜드가 될 수 없다.

4. 민주성(시민합의)

대표축제는 밀실에서 야합행위로 추진할 것이 아니라 공개적으로 시민동의를 구해야 한다. 1991년 당시 처용문화제를 제안한 학자 및 관련자들이 대부분의 학자들이 처용을 무당으로 보고 있다는 사실을 시민들에게 제대로 알렸다면 지금과 같은 사태는 일어나지 않았을 것이다. 처용설화 자체가 야합의 성격을 함축하고 있는 데 그치지 않고, 울산에서 처용문화제가 채택된 배경에도 역시 야합적 요소가 강하다.

2007년에 실시되는 제41회 처용문화제는 이름뿐이지 사실상 월드 뮤직 페스티벌로 치러질 것이다. 처용문화제 고수론자들이 그처럼 소중하게 여기던 처용문화제는 지금 역신에 의하여 유린되고 있다. 그들은 처용문화제의 중요성을 말한다. 그러면서도 그들은 처용을 지켜내지 못하였다. 처용문화제는 온데간데 없이 사라지고 역신이 그 자리를 차지하고 있는 것이다. 그 역신은 도대체 누구인가? 바로 '월드 뮤직 페스티벌'이다. 처용문화제는 역신의 것이 되고 말았다.

우리 중에 어느 누구도 이런 축제를 요구한 적이 없는데, 한두 사람의 입김에 의하여 울산의 축제 판도가 변질되고 있는 것이다. 그런데도 사이비 관용주의자들은 하릴없이 물러나 구경하고 있을 뿐이다. 이런 유형의 축제를 위하여 그 많은 세비를 낭비한다는 것은 미친 짓이다. 이런 축제라면 언론사에 외주를 주어도 충분할 것이다. 처용문화제추진위원회의 운영경비를 모두 세비로 지불하면서 이같은 허무맹랑한 꼴을 보아야 하는 울산시민들로서는 울화통이 치밀 뿐이다.

시민들의 뜻을 물어야 한다. 그것도 아무도 왜곡할 수 없는 투명한 절차와 방식을 통하여 물어야 한다. 어느 누구의 외압도 작용하지 않는 그런 민주적인 협의체를 구성하여 울산시 대표축제의 틀을 새로 세워야 한다. (2007.08.29)

시민 모두가 참여할 수 있는 축제틀

2007년의 처용문화제 행사가 우여곡절 끝에 마무리되었다. 곳곳에 텅빈 좌석들에도 불구하고 처용문화제추진위원회는 성공적이라는 자체평가를 내놓았다. 이 얼마나 반문화적인 행위인가. 진정한 평가는 시민들과 전문가들이 내리는 것이기에 하는 말이다. 전형적인 탁상행정이 아닐 수 없다.

이번 행사는 예고한 대로 '월드 뮤직 페스티벌' 중심으로 치러졌다. 약 20여개의 공연 중에서 두세 개 정도가 히트한 모양이다. 그것이라도 건졌으니 고생했다고 해야 할 것인가? 아니면 왜 좀 더 좋은 틀을 생각하지 못하고 해마다 그 고생인가 하고 나무래야 할 일인지 모르겠다. '월드 뮤직 페스티벌'이 성공했다고 치자. 그러면 처용문화제는 어디로 갔는가?

이번 처용문화제 역시 실패한 축제였다. 그리고 이러한 실패는 구조적인 것이다. 처용문화제는 그 정체성 논란으로 인하여 10만명에 달하는 울산시의 기독교 인구들을 배제한 채로 치러지고 있다. 외설 논란에 이어서 처용의 무속적 컨셉이 종교적 거부감을 주고 있기 때문이다. 이런 문제들을 무조건 덮으려 해서는 안 된다.

처용문화제의 개선 방향은 너무나 분명하다. 처용 관련 행사를 하나로 묶어서 전문축제로 독립시키자는 것이다. 처용문화제를 울산시의 대표축제로 용납할 수 없다는 분위기는 점점 더 치열해 질 것이다. '월드 뮤직 페스티벌' 역시 성공적인 축제로 만들고자 한다면 처용의 외피를 과감하게 벗어던져야 한다. 그 껍데기를 쓰고 있는 한 부정적인 여론을 피할 수 없기 때문이다.

처용문화제추진위원회도 2006년 11월 30일의 심포지엄에서 처용문화제를 점진적으로 축소하고 월드 뮤직 페스티벌을 확대 개편해야 한다는 홍승찬 교수의 제안을 수용하여, 뮤직 페스티벌의 예산을 1억5천만원으로 확대 편성하였다. 그 결과 처용문화제 행사들 중에서 유일하게 '월드 뮤직 페스티벌'의 일부 공연이 성공을 거두게 된 것이다. 이러한 사실에서 볼 때 '월드 뮤직 페스티벌'을 독립 축제화 할 경우에 성공 가능성은 매우 높다고 볼 수 있다.

울산시 당국은 축제 전에 울산문화연대 등 시민단체와 약속하였던 축제틀 개선을 위한 협의체 구성에 적극적으로 나서야 할 것이다. 처용문화제의 개선에 관한 문제는 처용문화제추진위원회의 직무 범위를 넘어선 것이므로 울산시 당국자, 시의회, 구·군 문화원 대표, 시민단체 대표, 처용문화제 관계자 등이 망라된 협의체를 구성하여 여론을 민주적으로 수렴해야 할 것이다.

지금까지 논의한 바에 의하면 울산시의 새로운 대표축제는 종교적, 이념적 편향이 없어야 하고 울산의 특징을 단적으로 드러낼 수 있는 컨셉으로 해야 한다는 의견이 지배적이었으며 태화강(산업)축제, 반구대고래축제, 글로벌산업축제, 선사문화축제, 박제상축제 등 다양한 컨셉들이 제시되었다. 이런 축제틀은 지금까지 외설 시비 등으로 정체성 논란에 허덕이고 있는 처용문화제보다는 훨씬 더 시민적 자긍심을 가져다 줄 수 있다는 점에서 긍정적인 측면을 보여주고 있다.

승격 10주년을 맞이한 울산광역시는 대한민국의 산업수도를 지향하고 있다. 이 시점에서 우리는 울산시민 모두가 거부감 없이 동참할 수 있는 새로운 축제 틀을 발굴하여 시민들의 단결과 화합을 이끌어내야 할 것이다. (2007.10.24)

처용설화의 해석학

김진 지음, 울산대학교출판부 2007. 183쪽.

이 책은 처용설화를 둘러싼 외설 논란을 정리한 것이다.

울산광역시 처용문화제 관계자들은 처용설화에서 관용과 화합의 정신을 도출할 수 있다고 주장하였다. 그러나 저자는 처용설화는 처용이 기술한 사실 그대로 이해되어야 하며, 불륜과 간통을 주제로 하고 있다고 주장한다. 이 두 관점 사이에서 치열한 논전이 벌어졌으니, 이것이 바로 울산에서의 처용논쟁이다.

처용설화의 초기연구자들은 처용의 태도를 일반적으로 관용이라고 해석하였다. 저자는 그러한 해석은 잘못된 해석방법론에 기인한다고 비판한다. 초기연구가들이 처용의 태도를 관용으로 해석한 것은 일연스님의 주석이나 고려 처용가에 대한 무속적, 민속학적 연구 경향 때문이었다. 고려 처용가는 일반적으로 벽사진경을 주제로 하는 무가巫歌로 분류되고 있으며, 따라서 그러한 관점에서 신라 처용가를 봄으로써 역신 퇴출 부분을 강조하게 되었던 것이다.

그러나 저자는 이처럼 전승적 관점에서 처용설화를 해석하는 것은 부당하다고 본다. 오히려 처용사건 당시의 역사문화적 정황들을 참조하여 해석하는 것이 옳다.

처용이 부인과 역신의 통간 장면을 보고서 물러서는 태도에 대하여 김열규 교수는 체념으로, 이기문 교수는 진노로, 그리고 박인희 교수는 경고의 성격을 가진 것으로 분석하고 있다. 이들의 해석에 의하면 처용의 태도를 관용으로 간주하는 것은 부자연스럽고 잘못된 것이다.

그런데 처용의 태도를 관용으로 해석할 경우에는 처용부인과 역신의 간통 사실을 전제할 수밖에 없게 된다. 그러나 울산시의 처용문화제 관계자들은 외설 시비에 말려들지 않기 위해서 간통 사실을 부정하였으며, 그 때문에 간통과 불륜이 아니라고 하면서도 관용을 강조해야 하는 논리적 모순에 빠지게 되었다.

저자는 처용에 관한 기존 연구 성과들, 특히 김기흥 교수의 처용 효공왕설, 박인희 교수의 처용 문원(신덕왕의 친부)설, 조수학 교수의 처용 경순왕설에 주목하면서, 처용사건의 주역들이 왕실과 관련된 사람들이라고 보았으며, 삼국유사의 전거를 활용하여 헌강왕 때 시중 벼슬을 지냈던 예겸이 신덕왕의 의부이고 문원이 친부라는 사실에 주목하게 되었다. 이 주장은 2004년에 박인희 교수에 의하여 제기된 것이다.

저자는 신라말기의 박씨왕조의 성립 과정에서 처용사건이 결정적인 계기가 되었다고 주장한다. 그리고 처용과 역신의 관계를 문원과 예겸으로 등치시켰던 박인희 교수의 학설에다가 신라왕실의 성풍속사를 적용하여 처용사건을 신라왕실의 섹스 스캔들로 규정한다.

이와 같은 처용설화 해석은 박씨문중의 반발을 불러 일으켰다. 예겸-역신설 때문이다. 대다수의 박씨문중에서는 예겸을 중시조인 경명왕의 조부로 알고 있다. 그러나 예겸의 성씨가 김씨라는 주장이 학계에서 제기되고 있으며, 그가 신덕왕의 친부親父인가에 대해서도 논란의 대상이 되고 있다.

이 책은 문학적 민속학적 지평에서만 논의되었던 처용설화를 철학자가 처음으로 다루었다는 점에서, 그리고 기존의 처용 이해를 완전히 뒤집은 해석이라는 점에서 특징적이다. 저자는 이 책에서 무속적, 민속학적 해석의 한계를 지적하면서 전복적 해석학과 탈신화화 방법론으로 접근하고 있으며, 김경수, 이수봉 교수의 처용설화 해석에 대해서도 비판을 시도하였다.

(2007.10.25)

처용문화제의 문제점과 개선방안

이 발표[1)]는 현재 울산광역시의 대표축제로서 운영되고 있는 처용문화제가 시민들에게 자긍심을 고취하지 못할 뿐만 아니라 지금까지 축제로서 성공하지 못한 근본적 원인들을 분석함으로써, 처용문화제의 문제점과 개선방안을 개진하는 데 그 목적이 있다. 이 문제는 울산시민이라면 누구든지 진지하게 생각해 볼 필요가 있다. 울산시민 전체의 정체성과 가치의 문제일 뿐만 아니라 자녀교육의 문제와도 직결되어 있기 때문이다. 먼저 지난 17년 동안 처용문화제가 어떤 근거에서 정체성 논란에 빠지게 되었는가를 살펴본 후에 처용설화의 해석상에서 제기되는 여러 가지 문제들을 소개하면서, 처용문화제가 울산광역시 승격 10주년을 맞이하여 새로운 미래를 지향해 나가야 할 대표축제의 컨셉으로는 부적합하다고 주장할 것이다. 그리고 우리 시민들 모

---

1) 본 심포지엄은 울산광역시의 주선으로 처용문화제명칭변경범시민운동본부와 처용문화제추진위원회가 공동 주관하여 2007년 12월 3일 울산시의회 대회의실에서 개최되었으며, 범시민운동본부 측에서는 김진, 박인희, 이정학 교수가, 그리고 추진위원회 측에서는 김경수, 김학성, 진성규 교수가 참여하였다. 그러나 토론회가 끝난 후 박종해 위원장을 주축으로 하는 박씨문중 인사들이 발표단상으로 몰려들어 발표자들에게 욕설과 폭력을 행사함으로써 난장판이 되고 말았다.

두가 어떤 거부감도 없이 기쁜 마음으로 참여할 수 있는 역사문화적 자산들을 울산대표축제의 대안브랜드로 제시하고자 한다.

1. 처용문화제 명칭 논란의 발생적 근거들

1) 벽사진경적 해석의 종교적 편향성

1967년부터 실시된 25년 전통의 울산공업축제는 1991년에 처용문화제로 변경되었으며, 그 때부터 오늘에 이르기까지 사실상 정체성의 논란이 거듭되었다. 우선 처용컨셉에서는 '용왕', '용왕의 아들', '용왕의 사제', '무당' 등과 같이 무속신앙적 요소가 지배적으로 나타난다.

처용문화제추진위원회는 "처용설화에 나타난 관용정신과 호국사상"을 기리고 울산시민의 단합을 도모하기 위하여 처용문화제를 울산광역시의 대표축제로 지정했다고 밝혔다. 처용문화제 추진위 지도부는 처용설화가 외설적이 아니라고 주장하면서 역신은 돌림병이고 처용은 역신을 가무로써 축출했다고 주장한다. 그러나 '사악한 것을 물리치고 경사스러운 데로 나아간다'는 이른바 벽사진경辟邪進慶의 정신을 내세울 때 처용은 곧 무당이 된다. 실제로 대부분의 학자들은 처용을 '남무'男巫, '무격'巫覡, '동해용신東海龍神의 사제司祭' 등 무당으로 보고 있다. 처용문화제추진위는 처용설화를 벽사중심으로 접근하여 사실상 무속적 입장을 취함으로써 타종교인의 행사참여를 원천적으로 배제하는 결과를 초래하였다.

문제는 1991년 당시 처용문화제를 제안한 학자 및 관련자들이 이런 사실을 시민들에게 정확하게 고지했는가 하는 점이다. 대부분의 학자들이 처용을 무당으로 보고 있다는 사실, 그러므로 처용문화제는 무당축제일 수도 있다는 사실을 시민들에게 제대로 알렸다면 처용문화제는 아예 출범조차 불가능했을 것이다. 이처럼 처용문화제는 무속신앙이라는 특정종교적 편향성을 드러내고 있어서 울산광역시의 대표축제가 갖추어야 할 일반성이나 보편성을 결여하고 있다.

2) 처용설화의 외설적 요소

처용 주제의 외설 논란은 처용문화제 출범 당시부터의 화두였다. 처용설화가 성행위를 적나라하게 묘사하고 있다는 것은 주지의 사실이다. 자신의 부인을 범한 역신에 대한 처용의 태도는 학계에서 관용(김동욱), 체념(박노준, 김열규), 진노(이기문), 경고(박인희) 등으로 다양하게 해석되어 왔다. '관용'은 이 여러 입장 중의 하나에 지나지 않지만, 당시 처용문화제 제안자들과 현 추진위 지도부는 처용정신을 '관용과 화합'이라고 내세웠다. 그러나 이처럼 관용으로 볼 경우에는 반드시 처용부인과 역신의 간통 사실이 전제되어야 한다. 그러나 처용추진위는 외설논란을 회피하기 위하여 관용을 주장하면서도 간통 사실은 부정함으로써 역설에 빠지고 말았다.

기본 텍스트인 (신라)처용가가 성애적인 표현을 담고 있다는 것은 부정할 수 없는 사실이며, 이는 고대 신라왕실의 골품제로부터 기인되는 성풍속적 측면과 연관된다.2) 『삼국유사』의 처용

2) 이에 대해서는 김진, 「처용문화제, 대안은 없는가?」(울산기독신문 2006

설화를 김부식의 『삼국사기』나 김대문의 『화랑세기』와 연계하여 해석할 경우에 처용사건은 신라왕실의 성풍속도와 직접 연결되어 있다는 사실을 확인할 수 있다. 신라의 왕들은 왕비나 후궁들 이외에도 신하의 부인 또는 사가의 여인들과 관계를 가졌으며,[3] 왕비들 역시 왕 이외의 남자들과 관계를 맺어 사자私子를 낳기도 하였다.[4] 처용의 부인과 관계한 역신은 당시 정황으로 보아서 헌강왕이나 그에 준하는 권력자일 가능성이 크다. 처용이 부인의 간통 사실을 목도하면서도 적절한 조치를 취하지 못했던 이유는 '역신'이 왕과 같은 신분이 높은 사람이었기 때문일 것이다.[5] 『삼국유사』와 『삼국사기』를 대조할 경우에 헌강왕 등극과 함께 시중 벼슬을 지냈던 예겸이라는 인물, 그리고 특별한 기록이 남아있지 않은 문원이라는 두 사람이 정화부인을 놓고서 삼각관계에 있었던 사실이 포착된다.[6]

년 11월, 43호), 「처용설화와 '신국의 도'」(경상일보 2007년 7월 23일), 『처용설화의 해석학』(울산대학교출판부 2007)를 참조하라.

3) 이종욱, 『화랑세기로 본 신라인 이야기』, 김영사 2000.

4) 신라 제8대 아달라왕의 내혜부인은 석이매(제9대 왕 벌휴이사금의 아들)와 사통하여 석씨 성을 가진 아들(제10대 내해이사금)을 낳았으며, 제21대 비처왕(소지마립간)의 선혜부인은 묘심(妙心)과 사통하여 오도(吾道)를 낳았고, 제24대 진흥왕의 왕비 숙명은 그녀의 어머니 지소부인의 애인이었던 이화랑과 사통하여 원광과 보리를 낳았다.

5) 김경수 역시 「'처용랑 망해사' 설화의 구조와 그 해석」(『처용연구전집 II』, 문학 1, 2005, 513쪽)에서 필자와 같은 입장을 취하고 있다.

6) 헌강왕 당시의 역사적 기록들을 존중할 경우에 처용설화의 주제 구성이 이들의 행적과 긴밀하게 연결되어 있음을 확인할 수 있다. 헌강왕 때 초대 시중이었던 예겸이 물러나자 민공이 발탁되었는데, 이 두 사람의 정치적 갈등은 효공왕 대에 이르러 효종(민공의 손자)과 경휘(『삼국사기』에는 친부가 예겸으로 되어 있으나 『삼국유사』에는 친부가 박문원이고 예겸은 義父로 되어 있다) 사이의 정치적 알력 관계로 진전되다가, 결국 경휘(신덕왕)가 등극함으

이처럼 처용설화는 겉으로 보기에는 무속적인 벽사진경, 망해사의 창건이 주제인 것 같지만, 내용적으로는 신라왕실의 골품제도와 그 몰락을 근본 모티브로 하고 있으며, 그 속에 헌강왕의 마복자 사건(효공왕의 출생비화), 진성여왕의 근친혼과 삼서제, 신덕왕(경휘)의 두 아버지에 대한 이야기 등이 들어 있다. 처용설화는 족내혼, 근친혼에 바탕을 둔 신라왕실의 골품제로부터 비롯된 폐쇄적 족벌문화 이념을 전제하고 있다. 처용설화의 주제와 내용은 울산시민의 가치지향이 될 수 없으며, 울산시민을 화합시킬 수 있는 결속력도 가지고 있지 않다. 따라서 처용사건을 울산의 대표축제로 기념하는 것은 적절하지 않다고 본다.

3) 처용모티브의 축제컨셉화 실패

지난 17년 동안 처용문화제는 축제컨셉을 정착시키지 못함으로써 결국 실패한 축제라는 오점을 남기고 말았다. 축제전문가 또는 울산시민들의 여론은 크게 두 가지로 압축될 수 있다. 하나는 처용컨셉이 울산의 대표축제로서 정당성이 없다는 정체성 논란이고, 다른 하나는 처용브랜드의 축제상품화에 실패했다는 것이다.

우선 첫 번째 지적을 살펴본다. 울산공업축제가 처용문화제로 바뀐 지 벌써 17년이 지났으나 설립 당시부터 외설논란으로 적절성과 정체성에 대한 비판이 계속되었고, 지금까지 단 한 번도 시민들이 만족할만한 축제를 만들지 못하였다. 그야말로 시민의 혈세를 낭비하는 실패한 축제였다.[7] 2007년 7월 26일 발족된

로써 3대에 걸친 박씨왕가가 성립하게 된다.

7) 처용문화제를 비판하는 다음 자료들은 2000년 기사부터 인터넷 검색이 가능한 경상일보를 대상으로 중요한 부분을 발췌하였다.

2004년 울산문화예술 중장기 발전계획에서는 처용의 이미지가 지역 정체성을 보여주지 못하고 있어 시민들의 공감대와 호응을 이끌어내지 못한다고 지적한 바 있다.

2004년 5월 28일 경상일보 사설 "울산축제, 조정해야 한다"에 다음과 같은 글이 실려 있다. "울산의 대표축제로 처용문화제와 [...]를 들 수 있다. 그러나 어느 것 하나 정체성을 제대로 확보하지 못하고 있고, 행사의 특수성을 살려내지도 못하고 있다. 처용문화제의 경우 처용의 '관용과 화합'의 정신을 놓고 여전히 논란 속에 휘말리고 있다. [...] 지역의 대표축제로 크기 위해서는 [...] 지역주민들의 문화욕구를 자극할 수 있는 칼라가 분명한 축제를 지향해야 한다. 그것이 자신 없으면 과감하게 폐지하는 것이 바람직하다."

2005년 10월 3일 경상일보 데스크칼럼에는 "올해도 어김없이 처용문화제가 열린다. 별반 기대는 없다. 처용문화제가 울산시를 대표하는 축제라고들 하는데 솔직히 다른 도시사람들에게 자랑하기는 좀 부끄럽다. [...] 시민의 날 행사의 이름을 처용문화제로 삼는 것도 좋겠다. 울산의 대표축제니 어쩌니 하지 말고 먹고 마시고 즐기면서 시민화합을 꾀하는 시민들의 잔치로서 만족하면 될 것이다. 어쨌든 처용문화제가 울산의 대표축제라는 것은 울산시민으로서 자존심이 상한다. 가능성이 없는 것을 과감하게 포기하고 획기적인 투자로 울산시의 이미지에 걸맞는 대표축제를 하루빨리 개발해야 할 것이다."

2005년 10월 24일 경상일보 "울산의 축제, 새로 짜자. 정체성 없고 볼 것도 없다."

2005년 10월 31일 경상시론 "울산축제판을 확 바꾸자"

2005년 11월 24일, 울산발전연구원이 주최한 심포지엄 "울산의 정체성과 지역학 연구 방안"에서 김종규 한국박물관협회장은 산업도시 울산이 공룡과 고래, 암각화와 충절의 도시 등 문화적 자산을 중심으로 역사문화적 정체성을 확립할 필요가 있다고 강조하면서, "반구대암각화와 천전리 각석은 유구한 역사와 인류 존재의 유원성과 함께 울산이 선사시대 계승자라는 사실을 상징적으로 보여주는 세계적 문화자산"이라고 밝혔다.

2006년 11월 30일, 처용문화제 발전방안 심포지엄에서 한국종합예술학교 홍승찬 교수는 처용문화제를 축소하고 새로운 대체축제를 발굴할 것을 주문하였으며, 필자는 처용문화제 명칭 사용의 부당성을 강력하게 지적한 바 있다.

'울산문화연대'는 그 첫 번째 사업으로 처용문화제 명칭 폐지운동에 나섰으며, 이 운동을 전시민적 차원에서 전개하기 위하여 8월 13일 '처용문화제 명칭변경 범시민운동본부'를 출범시키는 동시에 울산시민 5만인 서명운동에 돌입하였다. 지금은 울산광역시 승격 10주년을 맞이하여 시민들이 추구해가야 할 가치지향을 새롭게 정립해야 할 때이다.

두 번째 지적에 대하여 살펴본다. 울산지역의 오피니언 리더 그룹들 역시 처용컨셉이 대표축제의 컨셉으로서는 역부족이며, 처용컨셉 자체를 축제화하는데 실패했다고 지적해 왔다.[8] 처용

2007년 8월 20일 경상일보, "처용의 가무는 위협과 경고였다": 울산문화연대 심포지엄에서 박인희교수는 처용의 태도를 관용이 아닌 경고와 위협으로 해석하였으며, 필자는 처용사건이 신라왕실의 골품제도에 빚어진 성풍속의 일면이라고 주장하였다.

2007년 9월 18일 중앙일보, 신면주 변호사: "울산은 반구대암각화에 나타나 있는 선사시대의 고래잡이로부터 근대 장생포의 포경기지로 이어지는 해양산업, 울주군의 옹기 · 쌀 · 배 등의 농경산업, 제철유적지인 쇠부리로부터 이어지는 자동차 · 조선 · 석유화학 산업 등이 만개해 대한민국의 산업수도라 불리고 있다. 이렇게 볼 때 울산 앞바다에서 출현했다지만 신라왕실의 귀족으로 편입돼 경주문화권에서 활동한 처용을 울산 지역을 대표하는 문화적 콘텐트로 삼기에는 그 정체성이 부족함을 부인하기 어렵다."

2007년 10월 3일 경상일보, 울산여성포럼: 처용문화제를 학술제로 개선할 것을 요구하였다.

울산문화연대 · 시민포럼 공동 심포지엄: 처용 관련 행사는 전문축제로 분리하고, 울산시의 대표축제는 '태화강(산업)축제'로 개편할 것을 주장하였다.

8) 2001년 10월 19일, 정명숙 경상일보 문화부장은 처용문화제의 실패요인을 대형 복합축제를 고집한 데서 찾고 있다. 록페스티벌, 국제민속춤페스티벌 등의 주요행사가 처용컨셉과 맞지 않다는 것이다. "처용문화제는 처용에 깊은 관심을 가진 민간단체가 중심이 되어 인간문화재를 초청해서 처용무를 함께 즐기고, 처용학술심포지엄, 처용탈, 처용설화 재현극 등 처용과 관련된 프로그램만으로 작은 축제를 만든다면 처용에 관심있는 사람들이 저절로 울산

을 찾는 관광축제가 될 것이다." 이 말에 전적으로 공감한다.

2003년 10월 26일, 경상일보 박은정기자, "'처용'없는 처용문화제"

2004년 3월 2일 경상일보, 정상태 처용문화제집행위원장 "처용의 정체성 찾겠다"고 하면서 용신사상의 중요성을 언급하다.

2004년 11월 2일 경상일보, 김헌득 울산시의회 운영위원장은 "차별성 없이 개최되고 있는 20여개의 축제 역시 울산 이미지와 결합된 축제가 부족하므로 이를 통합 조정할 필요가 있다. [...] 울산의 정체성에 맞는 이미지를 모든 분야에 적용하여 울산하면 단번에 떠오를 수 있는 새로운 브랜드를 울산의 고유명사로 부각시켜야 한다"고 주장하였다.

2006년 1월 25일, 경상일보 '무거통신', "처용문화제, 쇄신이 필요하다" - "처용문화제는 울산의 대표축제다. 시민과 함께 해 온 세월이 무려 40년이다. 그런데도 아직 성공한 축제로 자리매김 하지 못하고 있다. 내용이 빈약하고, 정체성이 모호하기 때문이다. 그러니 비판받아 마땅하고, 처용문화제가 대표축제니 비판의 우선 순위가 될 수밖에 없다."

2006년 7월 13일, 경상일보 [기자수첩], "처용문화제, 희망은 있는가"에서는 축제의 정체성과 주제의식 결여 등에 대한 해묵은 논쟁이 있었으며, "처용이라는 소재는 요즘 잘나가는 축제와 겨룰만한 상징성과 경쟁력이 뒤떨어진다. 해마다 소모적인 논쟁을 벌이지 말고 처음부터 다시 고민할 필요가 있다"는 한 추진위원의 발언을 소개하고 있다.

2006년 8월 27일, [경상시론] "울산시의 축제 만들기 유감"에서 김종경 시인은 "울산의 축제에 대해 요즘처럼 많은 논란이 빚어진 적도 없다. [...] 논란의 거의가 정체성에 대한 내용에서 한 발짝도 벗어나지 못하고 있다."

2006년 12월 19일, 경상일보 사설 "처용문화제 음악축제로 가는가"에서는 월드 뮤직 페스티벌을 중심행사로 결정한 데 대하여 "처용의 정체성을 외면하고서는 축제로서의 존속 가치도 없음을 알아야 한다"고 비판하였다.

2007년 2월 9일 경상일보, 울산시의회 임시회에서 윤명희 의원은 "처용문화제는 축제의 의미가 퇴색되고 갈수록 시민의 동참까지 떨어져 전반적인 재검토의 필요성이 있다"고 지적하였다.

2007년 7월 18일 경상일보 [무거통신] 신춘희 논설실장: "울산의 최장수 대표축제 '처용문화제'가 위기에 몰리고 있다. 축제(명)에 이의를 제기하는 집단이 등장했기 때문이다. 이들은 '처용문화제(명)를 폐지해야 한다'고 주장한다. 으름장이 아니다. [...] 처용문화제 폐지운동을 주도하고 있는 김진 교수(울문화제의 정체성 위기 문제로 인하여 처용추진위 관계자는 처용 컨셉 자체에 대한 연구조차도 포기한 것으로 드러나서 충격을 주고 있다. 2001년 6월 13일자 경상일보 기사에 의하면, 이부열 당시 울주문화원 사무국장이 처용 관련 자료 축적을 위하여 학술행사가 필요하다고 제안하자, 황우춘 당시 처용추진위원장은 "처용과 처용가에 대한 여러 가지 해석으로 인해 처용의 이미지만 실추된다"고 하면서 "학술 심포지엄을 당분간 중단할 것"이라고 말한 것으로 나타나 있다. 처용컨셉의 축제적 한계를 여실히 드러낸 발언이다.

또한 정명숙 당시 경상일보 문화부장 등이 처용문화제의 방만한 운영을 지적하고 학술제나 전문예술제 등으로 특성화할 것을 주문하였으나 묵살되었다(경상일보 2001년 10월 19일). 그 이후 "'처용'없는 처용문화제"가 계속됨으로써 처용문화제의 명칭유지를 지지하는 사람들에게조차도 비판의 대상이 되어 왔다. 이처럼 처용설화는 울산시의 대표축제의 컨셉으로 부적합한 까닭에 오랜 동안 정체성 논란을 불러왔으며, 바로 그 때문에 처용브랜드를 성공적인 축제 컨셉으로 승화시키는 것 역시 불가능하게 되었던 것이다.

산대 철학과)는 기고에서 '(처용가 속에 나타난) 처용의 행위는 관용정신과 아무런 관계가 없다'고 주장하고 있다. '신라 왕실의 섹스 스캔들에 지나지 않는다'는 것이다. 김교수의 주장이 새로운 것은 아니다. '울산공업축제'에서 '처용문화제'로 축제명이 바뀌면서부터 제기돼 온 화두(?)이다."

2007년 7월 29일 경상일보, 홍중곤 북구문화원 자문위원: 처용문화제는 "전 시민이 흔쾌히 공감할 수 있는 문화코드로서는 뭔가 석연치 않은 부분이 있다고 생각한다. [...] 영원히 그치지 않을 논란거리를 갖고 있는 처용이란 명칭을 바꾼다면 울산의 대표축제는 무엇이 되어야 할까. 산업수도의 특색에 걸맞는 산업문화축제의 이름으로 '쇠부리문화축제'가 어떨까?"

2. 처용설화의 해석상의 문제

처용은 천의 얼굴을 가진 사람이라고 불릴 정도로 그 존재가 불투명하다. 그 때문에 처용설화에 대한 해석 역시 매우 다양한 스펙트럼을 가지고 있다. 이와 같은 다양한 해석 가능성으로 인하여 처용설화는 국문학, 민속학, 종교학, 역사학, 정신분석학, 예술 등 여러 학문 영역에서 연구되고 있으나, 오히려 그와 같은 해석의 다양성은 울산시의 대표축제의 가치정향에 혼란을 부추길 수 있으며, 실제로 지금까지 정체성 논란의 주된 요인이 되고 있다. 처용이 누구인가에 대한 학설이 난립한 상태에 있기 때문에, 그 각각의 해석으로 인하여 시민들의 화합보다는 분란의 소지가 더 큰 것이다.

지금 울산에서는 처용설화의 해석을 둘러싸고 여러 가지 유형의 갈등이 표출되고 있다. 그 중에서 가장 대표적인 것은 벽사진경파와 성담론파 사이의 갈등이다. 앞서 지적한 대로 벽사진경적 해석은 필연적으로 무속신앙으로 귀착되기 때문에 기독교 단체들이 각을 세우고 있고, 성담론적 해석은 처용 관련 문화행위를 근본적으로 왜곡한다는 이유에서 울산의 일부 토착 예술인들이 반발하고 있다. 특히 성담론적 해석의 경우에는 처용설화의 벽사진경적 요소가 신라왕실의 섹스 스캔들의 성격을 띤 처용사건을 영웅설화로 조작하는 메커니즘에 지나지 않는다고 보기 때문에 도덕성 논란으로 귀결되었다.

이로부터 고대 신라 왕실에서의 골품제를 근간으로 한 근친혼이 비윤리적이라고 할 수 있는 가라는 문제가 제기될 수 있으며, 특히 벽사진경파는 처용설화가 그렇게 비윤리적이라면 어떻게

고려시대와 조선시대에 궁중나례로 채택될 수 있었겠는가라고 반발하고 있다.9)

그러나 성담론적 해석에서는 신라왕실의 근친혼을 비윤리적이라고 보는 것이 아니다. 처용사건을 울산시의 대표축제로 기념하는 것은 현재 우리 사회의 법체계와 도덕감정으로 볼 때 부적합하다고 말할 뿐이다. 그리고 고려시대와 조선시대에 처용무 등이 궁중나례로 유지될 수 있었던 것은 바로 성애적 요소가 벽사진경적 요소로 변형되었기 때문에 가능하였다. 여기에서 우리는 처용설화의 벽사진경적 요소가 역사적으로 한 번도 문제된 적이 없었다는 처용추진위의 주장을 비판적으로 검토하는 동시에 대다수의 처용연구가들이 성담론적 해석을 전제하거나 인정하고 있다는 사실을 보여주고자 한다. 벽사진경파와 성담론파 사이의 갈등은 근본적인 것이며, 이것은 울산 지역사회에서 관련 기관이나 단체들의 대립은 물론이고 토착민과 외지인 사이의 다툼 등으로 비화되거나 왜곡될 수 있는 여지를 안고 있어서 신속한 결단이 요구된다.

9) 2007년 8월 9일자 경상일보에서 처용추진위 관계자인 전우수는 "우리 민족은 또 처용설화를 근간으로 처용무도 탄생시켰다. 처용무는 1971년 중요무형문화재 제39호로 지정되어 정부기관인 문화재청으로부터 보존전승 되고 있는 춤이다. <고려사> 등에는 처용무가 고려의 국가적 행사인 팔관회에서 추어져왔다고 기록되고 있고 유교를 정치의 근본으로 숭상해왔던 조선시대에 이르러서도 궁중에서 추었던 춤이다. 단지 처용무가 중단되었던 때는 1910년 일제에 국권을 빼앗기었던 시기인 10여년뿐이다. 처용이 고작 외설의 상징이었다면 천년 세월이 넘는 오늘날까지 그것도 궁중에서 전승될 수 있을 하등의 이유가 없다."고 주장한 바 있다.

1) 벽사진경적 해석의 근거와 그 비판

처용사건의 벽사진경적 조작 필요성에 대하여 이춘걸(남구문화원 운영위원)만큼 적나라하게 속내를 드러낸 경우도 없을 것이다. 그는 처용문화제 백일장 참가 학생을 지도하기 위하여 방문한 초등학교 교사에게 처용가를 읽어주자 얼굴을 붉히며 어쩔 줄 몰라 했다는 이야기, 울산에 온지 2년이 된 한 간호사가 "울산에 처용 말고 높이 받들 문화인물이 없습니까?"라고 물어서 당황했다는 이야기, 은퇴한 교장선생님들이 처용설화를 울산문화의 표상으로 삼는 것에 반발했다는 이야기 등을 소개하면서, 처용가를 마마 귀신을 축출한 벽사이야기로 바꾸자고 제안한 사실이 있다(경상일보 2002.05.12). 이춘걸의 처용가 개작 제안은 바로 처용설화가 벽사진경의 외피를 둘러쓰게 된 원본적 의도를 가장 잘 반영하고 있다. 고려처용가와 궁중나례화된 처용무가 벽사진경적으로 변형, 개조된 것도 바로 그런 이유였을 것이다.

일연스님의 처용 사건기록에는 분명히 벽사진경僻邪進慶이라는 단어가 나온다. 처용의 형상을 그린 그림을 보면 그 문에 들어가지 않겠다는 역신의 말은 문첩신앙의 근간이 되었으며, 그래서 신라 사람들은 처용의 형상을 문에 붙여 사악함을 물리치고 경사스런 일을 맞이하려고 했다는 것이다. 그리고 이러한 벽사진경적 요소는 고려처용가에서 절대화되어 처용을 "모두가 떠받들어야 할 숭고한 신격神格"[10]으로 숭상함으로써 처용가는 사실상 무가巫歌, 즉 벽사진경의 노래로 변양되고, 고려와 조선

---

10) 정운채, 「고려<처용가>의 <처용랑망해사>조 재해석과 벽사진경의 원리」, 『처용연구전집』 II, 문학2, 역락 2005, 568쪽.

왕실의 궁중나례로까지 정립되기에 이른다.[11] 특히 이첨(李詹 1345~1405)의 詩 '월명항'月明巷에서 처용은 신神 또는 신인神人으로 불리고 있다.[12] 그리고 민속학적 처용연구가들의 대다수는 이러한 시각을 가지고 처용을 무당, 처용가를 벽사진경적으로 해석하였다.[13]

그러나 처용가의 성애적 묘사가 너무나 진솔한 점에 비추어 볼 때 '역신'은 "후대적인 수사적 개변改變"에 지나지 않으며, 일연스님도 이런 사실을 그대로 받아들여 기록했다고 보는 것이 타당할 것이다.[14] 박노준은 처용가를 유락遊樂에 탐닉한 헌강왕 시대에 처용(?)이라는 사람이 그 아내의 통간 장면을 목도하고 "허탈한 심경에서 발한 포기와 체념의 넋두리"였을 것이라고 보았다.[15] 따라서 처용은 현실세계에서의 패배자에 불과하지만, 신화화 작업을 거쳐서 영웅적이고도 신성한 존재로 조작되었다고 볼 수 있다. 그리하여 박노준은 "삼국유사三國遺事가 편찬되기 전까지 나대羅代의 처용處容사건이 여러 단계를 거쳐 무속화

11) 박노준, 「처용가」, 『처용연구전집』 II, 문학1, 역락 2005, 244쪽.

12) 『新增東國輿地勝覽』 卷21 慶州 古跡 月明巷, 『東京雜記』 新羅 古跡 月明巷. 김유미, 「처용전승의 전개양상과 의미연구」, 『처용연구전집』 II, 문학1, 역락 2005, 686쪽에서 인용.

13) 이능화(1927: 조선무속고), 김동욱(1961: 처용가연구), 김승찬(1961: 처용가소고, 1981: 처용설화와 그 가요의 연구), 서대석(1963: 처용가의 연구), 김영수(1964: 처용무와 처용가), 현용준(1968: 처용설화고), 김열규(1971: 처용전승시고), 박춘규(1983: 처용가의 무격성 고찰), 서대석(1992: 처용가의 무속적 고찰), 양희철(1997: 처용가), 김영수(1999: 처용가 연구의 종합적 검토), 임재해(1999: 처용 담론에 나타난 사회적 모순과 굿문화의 변혁성) 등의 연구가 이에 해당된다.

14) 박노준, 「처용가」, 『처용연구전집』 II, 문학1, 역락 2005, 234, 242쪽.

15) 박노준, 「처용가」, 『처용연구전집』 II, 문학1, 역락 2005, 237쪽.

巫俗化된 경과"가 구체적인 설명없이 일연 스님에 의하여 기술되었다고 보았다.[16) 이는 벽사진경적 요소가 처용사건의 원형적인 모습이 아니라는 사실을 보여주는 대표적인 논변이다.

더 나아가서 처용가에 벽사진경적 요소가 있다 하더라도 처용추진위 관계자들이 말하는 것처럼 궁중나례로서의 처용무가 한 번도 제재를 받지 않았던 것은 아니다.

고려 정종靖宗 6년(1040)부터 역신疫神을 몰아내는 굿놀이[儺禮]가 칙사勅使의 영접, 임금의 거동, 감사監司의 영접 등에 광대의 노래나 춤을 곁들여 오락으로 전용되었으며, 한 동안 중단되었다가, 조선 태종 14년(1414) 12월 30일에 구나驅儺를 다시 행하기 시작했다는 기록이 있다.[17) 그리고 세종 25년(1443) 1월 25일에 관습도감에게 처용무에 기생을 그만두고 남자 재인을 쓰라는 전교가 내려졌다.[18) 연산 5년(1499) 3월 8일, 왕은 처용무를 대궐 잔치에 추게 해도 좋은가를 정승들에게 하문한 바 있으며,[19) 왕 10년(1504) 12월 13일에는 처용무를 기녀들에게 가르쳐 추게 하였다.[20) 그러다가 중종 1년(1506) 12월 26일에 처용 보는 일을 정지시켰다.[21) 중종 10년(1515) 12월 22일에 다시 정월 초하루에는 처용무를 추지 말라는 전교를 내렸다.[22)

중종 11년(1516) 6월 3일에는 조광조가 이교와 음사를 혁파할 것을 주장하였으며, 여무女巫를 성 안에 들이지 말고 소격서昭格

16) 박노준, 「처용가」, 『처용연구전집』 II, 문학1, 역락 2005, 244쪽.
17) 『조선왕조실록』, 태종 28권, 14년(1414) 12월 30일 기해 3번째 기사.
18) 『조선왕조실록』, 세종 99권, 25년(1443) 1월 25일 신사 2번째 기사.
19) 『조선왕조실록』, 연산 32권, 5년(1499) 3월 8일 정묘 1번째 기사.
20) 『조선왕조실록』, 연산 56권, 10년(1504), 12월 13일 기사 3번째 기사.
21) 『조선왕조실록』, 중종 1권, 1년(1506) 12월 26일 경오 3번째 기사.
22) 『조선왕조실록』, 중종 23권, 10년(1515) 12월 22일 갑술 1번째 기사.

署의 도교道敎를 좌도左道로 간주하여 혁파할 것을 외쳤다.23) 또한 중종 13년(1518) 1월 4일에 역시 조광조가 세시歲時의 처용處容과 연화대蓮花臺 놀이에 대하여 우연히 한 번 즐기는 것은 무방하다고 하면서도, 과도하게 면포를 하사한 것을 지적하면서, 사람의 마음은 그 출입이 일정치 않아서 한 번 방사放肆하면 수습하기 어려우므로 절제할 것을 간하였다.24)

벽사진경적 차원에서 시연된 처용무가 조선 중기에 구나의식으로부터 분리되어 독립적인 공연의 형태로 유지되었으나 중종 원년에 금지되었으며, 구나의식 역시 지나치게 소비적일 뿐만 아니라 사람의 마음을 미혹할 수 있는 이교異敎 및 음사淫祀와 같은 것이라고 간주되어 결국 조광조에 의하여 소격서 혁파와 같은 맥락에서 척결 대상이 된 것이다. 결국 인조 1년(1623) 3월 13일에는 나례도감이 폐지되면서 그 자취를 완전히 감추게 되었다.25) 따라서 숙종과 영조 때의 처용가무는 벽사진경의 주술무가 아닌 여흥을 위한 것으로 전락하였으며,26) 정조 19년(1795) 2월 13일에 혜경궁을 위한 연회에서 처용무를 즐겼다는 기록이 나온다.27) 그러나 그 이후에는 뚝 끊겼다가 고종 39년(1902) 5월 27일에 마지막으로 숙종과 영조가 보았다는 처용춤을 왕이 당상들과 함께 구경한 기록이 나온다.28) 따라서 궁중나례로서의 처용무가 고려시대와 조선시대 내내 존속되었다는 주장은 사실과

---

23) 『조선왕조실록』, 중종 25권, 11년(1516) 6월 3일 계축 2번째 기사.

24) 『조선왕조실록』, 중종 31권, 13년(1518) 1월 4일 갑진 2번째 기사.

25) 『조선왕조실록』, 인조 1권, 1년(1623) 3월 13일 계묘 1번째 기사.

26) 김유미, 「처용전승의 전개양상과 의미연구」, 『처용연구전집』 II, 문학 1, 역락 2005, 721-2쪽.

27) 『조선왕조실록』, 정조 42권, 19년(1795) 윤2월 13일 을미 1번째 기사.

28) 『조선왕조실록』, 고종 42권, 39년(1902) 5월 27일 양력 1번째 기사.

다르다. 중종 원년에 중지되었고 인조 시절에 나례도감 자체가 폐지되었으며, 처용무는 숙종, 영조, 정조, 고종이 여흥을 즐기는 정도로만 활용되었던 것이다.

2) 성담론적 해석의 정당성 근거와 의미지평

성담론적 해석은 벽사진경적 해석과는 정반대의 해석을 시도한다. 관용과 벽사진경은 처용사건을 유포한 자들이 만든 조작적 측면에 불과하며, 역사적 진실은 처용이 목도했다고 기술한 그대로의 사건, 즉 섹스 스캔들이라고 규정한다. 처용과 역신이 정치권력을 창출하려는 의도에서 신화화 과정을 통하여 조작함으로써 결국 왕권을 장악하게 되었던 실제사건으로 해석하고자 한 것이다.

처용설화의 원형적인 텍스트인 처용가가 외설적인 내용임에도 불구하고 전승과정을 통하여 무속적인 벽사진경의 주제로 변형되고 왜곡됨으로써 처용설화에 대한 체계적인 성담론적 고찰은 이루어지지 못하였다. 그러나 일부 인사들이 처용가와 처용설화에 대한 외설성 논란을 차단하고 있음에도 불구하고, 처용부인과 역신의 통간 사실에 대한 해석은 가장 근본적인 연구주제였으며, 대개의 학자들이 이 문제를 다루어왔던 사실을 확인할 수 있다.

2005년에 발간된 『처용연구전집』(간행위원장 김경수)의 제1권(어학), 제2권(문학 2책), 제3권(민속), 제4권(종합)에서 처용부인과 역신의 통간 사실을 다룬 42편의 논문들을 표본으로 추려내어 처용연구자들이 어떤 견해를 피력하고 있는지를 일별할 수 있도

록 조사한 바 있다.[29]

우선 놀라운 것은 표본으로 열거된 연구자들의 50% 이상이 처용을 무巫, 무격巫覡, 남무男巫 등 무속인으로 본다는 사실이다. 처용을 무당이나 동해용왕의 사제자로 보는 25편의 논문에서조차도 19편이 성 행위 사실을 전제하고 있으며, 호족의 자제나 화랑 등 실존인물로 보는 11편의 논문에서는 8편이 성 행위 사실을 인정하고 있다. 총 42편의 논문에서 31편이 성 행위 사실을 인정한 것이다. 비록 처용설화에 대하여 심층적으로 성담론적 고찰을 하지 않았다 하더라도 대부분의 처용 연구자들이 처용부인과 역신 사이의 통간 사실만은 인정하였다. 특히 벽사진경의 관점에서 처용을 무당이나 동해용왕의 사제자로 보는 연구자들조차도 성 행위 사실을 압도적으로 인정하고 있는 사실은 처용설화가 태생적으로 섹스를 주제로 하고 있다는 점을 보여준다. 그럼에도 불구하고 이처럼 외설적인 처용설화가 불교의 고려왕조와 유교의 조선왕조에서 궁중나례의 형태로 존속할 수 있었던 것은 앞에서 지적한 것처럼 처용설화가 변형되었기 때문이다. 처용가에 나타나 있는 체념적 요소가 고려 처용가에서는 삭제되는 한편 진노적 성격이 강화되면서 벽사진경의 원리가 확립됨으로써 궁중에서 살아남을 수 있었던 것이다.

우리는 이도흠(1994) 교수가 역신과 처용 아내의 동침을 '아내의 탈선'으로 독해하면서도, 이것을 다양한 컨텍스트에 적용될 수 있다고 말한 사실에 주목할 필요가 있다. "헌강왕대의 사회문화상과 두 남녀의 타락상은 퇴폐적 성희인 처용희로, 벽사진

29) 김진, 『처용설화의 해석학』, 울산대학교출판부 2007, 61-69쪽, '기존의 성담론적 연구성과' 참조.

경적인 요소는 '고려 처용가'를 중심으로 한 나례의식과 처용무로, 한 남자의 비탄이 신라멸망이라는 역사적 사실과 어우러진 신라의 처용가는 그대로 비가로서의 처용가로 전이한다."[30]는 것이다.

처용가의 벽사진경적 요소는 고려처용가의 무속적 변용을 통하여 궁중나례로 정착되는 반면에, 처용가의 외설적 요소는 고려의 송경인이 연출한 처용희를 통하여 전승되었으며,[31] 처용설화의 국가멸망이라는 비애적 요소는 고려말 삼은三隱의 한 사람이었던 이숭인(李崇仁 1349~1392)의 '처용가'[32]를 통하여 전승되었다고 한다.[33]

---

30) 이도흠, 「처용가의 화쟁기호학적 연구」, 『처용연구전집 II』, 문학 2, 역락 2005, 303, 311쪽.

31) 고려(高麗) 고종 23년 2월에 처용희(處容戲)를 잘 할 줄 아는 송경인이라는 사람이 술이 얼근한 김에 조금도 부끄러운 기색이 없이 놀았다는 기록이 있다(『고려사高麗史』 卷23, 高宗 2, 二十三年 二月 壬寅). 이에 대하여 이명구는 처용희가 "역신과 처용처와의 성행위 장면"을 연출한 "부끄러운 놀이"라고 해석하면서, 처용처와 역신의 성행위가 처용설화의 가장 핵심적인 요소라고 보았다. "처용의 관용도 좋고, 역신의 사죄도 좋고 그래서 벽사진경의 뜻도 좋은 일이지만, 가장 중대한 사건, 설화의 핵심적 연유는 곧 역신과 처용처와의 그러한 행위에 있는 것이다"(이명구, 「<처용가> 연구」, 『처용연구전집 IV』, 종합편, 역락 2005, 228쪽).

32) 『도은집陶隱集』 卷2. "11월 17일 밤에 신라 처용가를 들으니 성조(聲調)가 비장하여 사람의 마음에 감회를 불러일으키게 한다. 밤늦도록 들려오는 신라의 노래 술잔을 멈추고 함께 듣노라. 소리는 옛 악보에 전하고 기상은 당시를 생각케 하네. 지는 해는 성머리[城頭]에 가깝고 쓸쓸한 바람 나뭇가지에서 우네. 덧없이 마음 속 어지러우니 부귀공명 역시 무엇이리오." 김유미, 「처용전승의 전개양상과 의미연구」, 『처용연구전집』 II, 문학1, 역락 2005, 684쪽에서 인용.

33) 이도흠, 『신라인의 마음으로 삼국유사를 읽는다』, 푸른역사 2000, 319쪽.

이상의 논의에서 볼 때 우리는 처용설화에 대한 성담론적 분석이 비록 간헐적이기는 하지만 이미 선행 연구자들에 의하여 시작되었던 사실을 확인할 수 있으며, 그것도 처용설화의 가장 핵심적인 부분이라는 것을 짐작할 수 있다.

성담론적 해석은 처용설화의 다른 측면들에 대한 정합적인 이해를 가능하게 한다. 무속적, 민속학적 접근방식으로는 이해할 수 없었던 요소들, 특히 처용설화가 왕권과 관련된 '기이'紀異편에 수록되어 있는 사실,[34] 망해사의 다른 이름이 신방사新房寺라는 사실,[35] 그리고 신라왕실의 멸망(國終亡)을 예고하고 있으며 그 원인이 탐락자심耽樂滋甚에 있다는 사실들을 충분하게 설명할 수 있게 되는 것이다. 이것은 기존의 벽사진경적 이해를 뒤집어 보는 것이다.[36] 이를 통하여 처용설화에 대한 역사적, 사회학적 연구성과들이 의미있게 해석될 수 있는 지평을 확보할 수 있을 것이다.[37]

---

34) 이기백은 「삼국유사 기이편의 고찰」(『신라문화』 1, 1984)에서 기이편은 건국이나 국왕과 관련된 신이(神異)한 이야기를 기술한 일반적인 사화(史話)라고 규정하면서 다른 편들이 불교적인 주제를 다루고 있는 것과 대조를 이루고 있다고 말한다(13, 14, 18, 21, 25). 따라서 '처용랑 망해사'조는 그저 단순한 설화가 아니라 '헌강왕의 이야기'임을 강조하고 있다(24). 실제로 일연스님도 이 사화가 신라왕실의 멸망 과정을 담고 있는 이야기라는 의미에서 '국종망'(國終亡)을 주제로 하고 있다는 주석을 붙여놓았다.

35) 일연스님이 처용설화에 삽입한 '신방사'(新房寺)는 민속학적 이해로는 해석될 수 없는 부분이다. 이 암호는 삼국사기의 진성왕조에서 헌강왕이 서자 요(嶢)를 얻게 된 사건과 연관시킬 경우에만 해독될 수 있다(김진, 『처용설화의 해석학』, 58쪽).

36) 이러한 해석방법론은 에른스트 블로흐가 최초로 도입한 '전복적 해석학'(subversive Hermeneutik)이다.

37) 이우성(1969: 삼국유사소재 처용설화의 일분석), 박진태(1984: 처용가

3) 처용과 역신의 정체성 규명

처용설화의 성담론적 해석지평에서의 일차적인 과제는 처용과 역신의 정체성 규명이다. 벽사진경적 해석에서 처용은 거의 대부분이 무당이며, 바로 그 때문에 해석상의 한계를 안게 된다. 다만 박노준은 처용을 무격으로 보았으나, 역신의 존재를 벽사진경적으로 해석하지 않고 '패륜아'를 상징한 것이라고 보았다. 처용의 아내 역시 '탕녀'라고 보았다.[38] 그리하여 박노준은 "처용가處容歌라 통칭되는 신라가요는 울산지방에서 입경한 한 남무男巫가 유락遊樂과 퇴폐의 풍조 속에 젖어 있던 도시적인 환경에서 간부에게 아내를 빼앗기자 고뇌와 번민을 극복하고 포기와 체념을 초월의 미덕으로 승화시켜 언어로 나타낸 것"이라고 단정하였다.[39] 그의 입장을 시적으로 가장 잘 드러낸 것이 바로 정일근의 '처용의 도시'이다.[40]

김경수의 경우에 처용은 좀더 구체적으로 규정된다. 그는 처용을 "도래인", 특히 "내침세력來侵勢力의 핵심인물核心人物로서 인질의 신분"[41]이라고 보았으며, 역신의 존재를 "중앙집권세

의 배경과 의미), 정수일(1989: 아랍-무슬림들의 신라내왕과 처용), 조수학(1994: '처용랑 망해사'의 조짐성), 유해춘(1995: 신라 처용가의 서사문맥과 그 의미), 김학성(1995: '처용가'와 관련설화의 생성기반과 의미), 김경수(1997: '처용랑 망해사' 설화의 구조와 그 해석), 김기홍(2001: 신라 처용설화의 역사적 진실), 박인희(2004: 처용의 실체와 처용가), 김진(2007: 처용설화의 해석학) 등이 이에 속한다.

38) 박노준, 「처용가」, 『처용연구전집 II』, 문학 1, 2005, 245쪽.

39) 박노준, 「처용가」, 『처용연구전집 II』, 문학 1, 2005, 244쪽.

40) 정일근 시인의 '처용의 도시'에 대한 해설은 김진, 『처용설화의 해석학』(울산대학교출판부 2007) 14쪽 이하를 참조하라.

41) 김경수, 「'처용랑 망해사' 설화의 구조와 그 해석」, 『처용연구전집 II』,

력의 불량배를 상징한 것"으로 해석하였다. "처용은 급간 벼슬을 얻고 왕정보좌하는 위치에 있기는 하였으나 그의 활동은 인질로서의 한계가 있었다. 그런 처용을 바라보는 원주민-중앙집권세력의 눈에는 하찮은 존재로 보였을 것이고 그런 처용에게 미인의 아내를 두었다는 사실에 일종의 질투심도 생길 수 있었을 것이다. 그 결과 범간에까지 이른 것이요, 저녁 늦게 돌아온 처용은 이를 발견하게 되었지만, 상대가 중앙집권세력임을 알고 맥없이 물러날 수밖에 없었다."[42] 처용이 역신과 자기 부인의 통간 사실 앞에서도 침묵할 수밖에 없었던 것은 바로 그 역신의 정체가 권력자였기 때문이라는 것이다.[43] 김경수는 이 표현 속에 '저항'의 뜻이 담겨있다고 하였지만, 그러한 설명은 자체모순적이다.

이와 반대로 김학성은 처용을 화랑으로 보는 한편, 역신은 "탐락에 빠져 나라를 병들게 하는 귀족들의 무리" 또는 "무병을 가져다주는 무속적 존재로서가 아니라 미모의 여인을 탐하는, 그래서 남의 부인까지도 마다하지 않는 '탐락'의 극치를 보이는 존재"로 해석한다.[44] 그는 처용을 풍월도적 사유체계를 가지고

문학 1, 2005, 512쪽.

42) 김경수, 「'처용랑 망해사' 설화의 구조와 그 해석」, 『처용연구전집 II』, 문학 1, 2005, 513쪽.

43) 김경수는 최근 경상일보의 기고문(2007년 9월 27일)에서 울산에서의 처용논란과 관련하여 필자를 비난하였으나, 그 자신의 입장이 필자와 전혀 다르지 않다는 사실을 전혀 고려하지 않았다. 김경수의 기고문에 대한 필자의 비판은 김진, 『처용설화의 해석학』(울산대학교출판부 2007) 145-156쪽에서 볼 수 있다.

44) 김학성, 「'처용가'와 관련설화의 생성기반과 의미」, 『처용연구전집 II』, 문학 2, 2005, 335, 330쪽.

성스러운 직무를 수행하는 자로 규정하는 반면에 역신은 "어두움을 틈타 몰래 남의 침실에 틈입하여 불륜을 저지르고 탐락에 빠지는, 그래서 마침내 나라를 병들게 하는 어두움과 악의 화신"으로 규정하였다.[45)]

필자는 김경수의 논지에서 처용의 침묵 원인에 대한 실질적인 답변을 찾을 수 있다고 본다. 처용의 부인을 범한 역신이 중앙집권세력, 특히 왕이나 왕족일 경우에는 어떻게 할 수 없을 것이기 때문이다. 그러나 김학성의 경우에는 약간 다르다. 그는 "화랑의 인격적 덕망을 갖춘 처용"이 "윤리적으로 부패타락한 역신(신라왕실주변의 귀족세력)"에 대하여 "둘은 내 것인데 둘은 누구 것인가?"라고 던진 질문 속에는 "역신의 불륜을 여지없이 고발 · 폭로하는 추상같은 윤리적 당위성의 기준"이 전제되어 있다고 주장한다.[46)] 김경수의 논지가 필자의 '침묵설'에 가까운 반면에 김학성의 논지는 앞으로 살피게 될 박인희의 '경고설'과 유사하다. 김학성 역시 역신을 "왕실주변의 귀족세력"이라고 보는 점에서 성담론적 접근 가능성을 열어두고 있다. 어쨌든 이 두 분의 징검다리를 통하여 성담론적 해석지평이 개시될 수 있을 것이다.

처용가는 신라 왕실의 골품제도라는 성 풍속의 일면을 가장 적나라하게 묘사한 작품으로서, 그 텍스트의 내용은 있는 그대로 독해되어야 한다. 처용은 자신의 부인과 역신의 성 행위 장면을 실제로 보았으며, 그것을 구체적으로 묘사하였다. 처용가는

---

45) 김학성, 「'처용가'와 관련설화의 생성기반과 의미」, 『처용연구전집 II』, 문학 2, 2005, 335, 344쪽.

46) 김학성, 「'처용가'와 관련설화의 생성기반과 의미」, 『처용연구전집 II』, 문학 2, 2005, 345쪽.

성담론적으로 이해될 경우에만 처용설화의 전체 맥락과 정합적으로 해석될 수 있다. 처용설화의 원형적인 모습은 신라왕실에서 '신국神國의 도道'라고 불리는 특이한 성생활이 관찰된 묘사이며, 이것은 헌강왕 사후 50년 동안의 방탕한 왕실의 기강이 결국 국가를 멸망에 이르게 했다는 참언적 사실과 연계되어 해석되어야 한다. 그 경우 처용 호족자제설(이우성), 처용 효공왕설(김기홍), 처용 문원설(박인희), 처용 경순왕설(조수학) 등이 의미 있게 해석될 수 있는 지평을 확보할 수 있게 된다.

이 중에서도 처용은 신덕왕의 아버지 문원이고 역신은 예겸일 것이라는 박인희의 가설이 가장 설득력 있게 보인다.[47] 예겸은 처용사건 당시 헌강왕의 시중이었으며, 나중에 효공왕에게 딸을 왕비로 내주었던 막강한 인물이다. 박씨 경휘를 효공왕의 후계자로 옹립하는 데 결정적인 역할을 한 인물이다. 예겸에 관한 기록들은 처용설화의 역사적 해석을 가능하게 하는 단초가 될 수 있다. 그 단초는 바로 『삼국사기』와 『삼국유사』에서 제53대 신덕왕神德王의 아버지에 대한 기술을 달리 하고 있다는 사실이다.

『삼국사기』는 신덕왕 박경휘朴景徽의 아버지를 대아찬 예겸으로 기록하고 있다. 신덕왕 원년 5월에 예겸은 선성대왕宣成大王으로 추존되었다. 어머니는 정화부인이다. 이와 반대로 『삼국유사』는 신덕왕의 어머니에 대한 기록을 앞세우고 있다. 이는 어머니의 골품이 아버지의 골품보다 높기 때문일 것이다. 신덕왕의 어머니는 정화부인貞花夫人이고, 부인의 아버지는 순홍順弘 각간으로서 성무대왕成武大王에 추시되었고, 할아버지 원홍

---

47) 박인희, 「처용의 실체와 처용가」, 『語文硏究』, 32-4, 2004, 『처용연구전집』 IV, 역락 2005.

元弘 각간은 아달라왕의 후손이라고 적고 있다. 『삼국사기』에서 신덕왕이 아달라왕의 먼 후손이라고 기술한 것은 어머니의 혈통에서 비롯된 것이지만, 『삼국사기』 벌휴이사금조에 의하면 아달라왕은 아들이 없는 것으로 나와 있어서, 그 상세한 내막은 알 수가 없다. 또한 신덕왕의 아버지는 흥렴대왕興廉大王으로 추봉된 문원文元 이간이고 할아버지는 문관文官 해간으로 기록되어 있다. 특이한 것은 예겸銳謙 각간은 신덕왕의 의부義父로서 선성대왕에 추봉되었다고 기록하고 있는 점이다.

김창겸은 그의 저서 『신라 하대 왕위계승 연구』에서 제53대 신덕왕의 친부를 박씨인 문원이고, 의부는 김씨인 예겸이라고 주장하였다. 특이한 것은 그가 『삼국유사』의 왕력편에서 예겸을 신덕왕의 의부라고 한 사실을 존중한 것에 머물지 않고 박씨가 아닌 김씨로 보고 있다는 점이다. 그는 신덕왕의 어머니 정화부인 박씨가 처음에는 박씨가의 문원과 혼인하였으나 경휘를 낳은 후에 예겸에게 개가함으로써, 경휘가 예겸을 의붓아버지[繼父]로 받들었다는 것이다. 이는 예겸이 경휘를 마복자로 받아들였다는 것이 된다. 따라서 경휘는 김씨 혈족의 일원으로 있다가 예겸의 정치적 영향력으로 헌강왕의 딸과 혼인하여 효공왕의 처남妻男이자 매서妹壻의 관계로 맺어져 왕위를 계승하게 되었다는 것이다.48) 이 경우에 예겸은 본래 김씨이었으나, 박씨성을 가진 경휘의 계부로서, 경휘가 왕이 되면서 예겸 역시 박씨 가문으로 편입되었다는 이야기가 된다.

이에 반하여 김창겸의 스승인 이종욱은 신덕왕이 박혁거세를 시조로 하는 박씨세력 집단의 후손 중 한 사람으로 일단 왕위에

48) 김창겸, 『신라 하대 왕위계승 연구』, 경인문화사 2003, 79쪽.

오른 다음에 그의 계통을 마지막 박씨왕이었던 아달라왕에게 연결시켰다고 추정한다. 이종욱 역시 신덕왕이 아달라왕의 후손이라는 김부식의 기록에 대해서는 회의적으로 본 것이다.[49] 그러나 김창겸이 예겸을 김씨라고 보는 것과는 반대로 이종욱은 박씨라고 본다. 김창겸의 정화부인 개가설은 처용사건과의 연관성을 차단할 수 있다. 그러나 경휘의 어머니 정화부인 박씨가 예겸에게 개가했다는 김창겸의 주장 역시 일연의 '의부설'에 근거한 추정일 뿐이어서 실제로 경휘가 예겸과 문원 사이에서 누구의 자식인가를 확정지을 수 있는 근거자료는 없다.

이 경우에 『삼국유사』와 『삼국사기』의 기술 모두를 존중하면서 새로운 해석 가능성을 찾아볼 필요가 있을 것이다. 김부식의 예겸 친부설은 예겸이 경휘의 생부라는 사실을 확인할 수 있는 증언이나 문헌에 기초할 경우에만 설득력을 가질 수 있다. 신라의 김씨왕가에서 예겸이 김씨가 아니라면 시중의 지위를 누리는 것은 거의 불가능하기 때문이다. 따라서 『삼국사기』의 기술이 옳다면 경휘는 예겸의 친아들이어야 한다. 그러나 이렇게 되면 일연의 기술은 잘못된 것이 될 것이다. 그러나 일연이 근거없이 터무니없는 사실을 조작했다고 보기는 어렵다. 그렇다면 무엇일까? 일연과 김부식의 기록이 안고 있는 차이를 해소할 수 있는 비법을 찾아야 한다. 경휘가 비록 예겸의 아들일지라도 그가 태어날 당시 문원과 정화부인이 혼인관계에 있었기 때문에 예겸의 친자로 드러내지 못하고 '의부'로 지칭되었을 가능성을 상정할 수 있다. 바로 이 경우에만 우리는 『삼국유사』의 진술과 『삼국사기』의 진술을 모순없이 동시에 수용할 수 있을 것이다. 그렇

49) 이종욱, 『新羅上代王位繼承研究』, 영남대학교출판부 127쪽.

다면 박인희 교수의 문원-처용, 예겸-역신설은 역사적 의미를 가질 수 있게 되는 것이다.

신라 헌강왕대를 배경으로 하는 처용설화에 나타난 간통사건과 유사한 구조를 사서에서 유추해 볼 수 있는 유일한 자료가 바로 정화부인을 둘러싼 예겸과 문원의 삼각관계이다. 그리고 이들은 실제로 신라후기의 박씨왕가를 복원하는 데 결정적으로 기여한 주역들이다. 따라서 처용사건을 벽사진경적 영웅설화로 변조할 수 있는 정치적 의도와 실력까지 갖추고 있는 유일한 세력이기도 하다. 바로 이 점에서 처용사건은 새롭게 조명될 필요가 있다.

『삼국사기』는 신덕왕이 국인추대國人推戴의 형식으로 왕이 되었다고 적고 있다. 이것은 골품제가 무너졌다는 것을 뜻하며, 정치권력을 쟁취하기 위한 극한 대립을 통하여 얻은 승리라고 규정할 수 있다. 그것은 바로 헌강왕 때 초대 시중을 지낸 예겸과 2대 시중이었던 민공(文聖王의 손자) 계열 사이의 권력대결이 불러온 결과였다. 상대등 각간 위홍의 생존시에는 민공파가 우세하였으나 그가 죽고난 후에는 예겸파가 득세하였다. 예겸과 민공의 대결은 경휘(신덕왕)와 효종(경순왕의 친부)의 대결로까지 이어진다.

효공왕 당시 시중이었던 효종은 김씨이고 헌강왕의 딸과 혼인한 상태에 있었다. 그는 인품이 훌륭한 사람으로 알려져 있으며, 골품서열상 효공왕 사후 왕위 등극 1순위 인물이었다. 효종은 화랑으로서 효녀 지은知恩을 도와준 일이 왕에게 전해져서 헌강왕의 딸과 혼인하게 되었다. 효종의 아버지는 '官○', '실홍'實虹, 제3재상 서발한舒發翰 '인경'仁慶 등으로 알려지고 있으며, 그의 할아버지는 헌강왕 때 예겸의 뒤를 이어 시중에 올랐던 민공敏恭이다.[50] 그는 신라 김씨 왕가의 후손이었다.

민공파와 예겸파의 갈등은 헌강왕 당시부터 정강왕, 진성왕, 효공왕에 이르기까지 계속되었다. 정강왕 때 시중이었던 이찬 준흥俊興은 효공왕이 즉위하면서 상대등이 되고 아찬 계강繼康은 시중에 올랐다. 그러나 왕 6년에 효종이 시중으로 발탁되고, 왕 10년에는 파진찬 김성金成이 상대등에 오르게 된다. 그러나 신덕왕이 즉위하면서 효종에게 밀려난 계강이 이찬으로 관위가 오르면서 상대등으로 복귀한다. 이러한 사실에서 효종의 적대자였던 계강이 예겸을 지지하여 경휘를 효공왕의 후계자로 옹립하는데 기여하였던 것을 짐작할 수 있다. 결국 민공에게 밀린 예겸과 효종에게 밀린 계강이 단합하여 신덕왕을 추대한 것이다.[51]

예겸과 민공의 힘겨루기 양상이 그대로 계강과 효종에게 이어지는 과정 속에서, 신덕왕의 두 아버지 문원과 예겸은 정화부인을 사이에 두고서 왕권쟁탈을 위하여 막후교섭을 벌였을 것이다. 왕권이 김씨에서 박씨에게로 넘어간 사건은 우연하게 발생한 것일 수 없으며, 치밀한 계산과 노력이 필요하기 때문이다.

---

50) 후대에 만들어진 '新羅敬順王殿碑'에는 文聖王→金安→金敏恭→金實虹→金孝宗→敬順王으로의 계보가 적혀 있다. 김창겸, 『신라 하대 왕위계승 연구』, 경인문화사 2003, 84쪽 이하 참조.

51) 전기웅은 논문 「신라말기 정치사회의 동요와 육두품지식인」에서 위홍, 민공의 계열로 효공왕 때의 상대등이었던 준흥, 김성, 그리고 시중이었던 효종을 들고 있고, 예겸의 계열로는 계강과 경휘를 들고 있다(『신라말 고려초의 정치사회변동』, 한국고대사연구회, 신서원 1999, 113쪽 이하). 그러나 효공왕 10년에 준흥의 뒤를 이어 상대등이 되었다가 신덕왕의 즉위와 함께 계강에게 밀린 김성의 경우에 끝까지 효종을 도왔는지는 확실하지 않다. 경명왕 3년에 김성(金成)의 관위가 각찬(角飡, 伊伐飡)으로 올랐기 때문이다.

처용과 역신의 극적인 화해는 바로 이 역사적 사건을 극화한 것이다. 정화부인을 사이에 둔 예겸과 문원의 갈등은 벽사진경의 영웅설화로 조작됨으로써 봉합될 수 있었으며, 이미 진지왕 대의 '도화녀 · 비형랑' 이야기에서도 검증된 바 있는 벽사진경의 효과가 처용사건에서도 여지없이 발휘되었을 것이고,[52] 그로 인하여 왕권을 장악하게 되었던 것이다.[53]

이상에서 살핀 바와 같이 처용과 역신에 대한 역사적 정체성 규명작업이 보다 심층적으로 진행되면서 그 동안 울산시민들이

52) 이에 대해서는 김기흥의 논문 「도화녀 · 비형랑 설화의 역사적 진실」(『한국사론』 41 · 42, 서울대학교 국사학과 1999, 『천년의 왕국 신라』, 창작과비평사 2000에 재수록)이나 「신라 처용설화의 역사적 진실」(『처용연구전집』 IV, 역락 2005)을 참조하라.

53) 본 논문을 책으로 편집하는 과정에서 필자는 처용설화의 사건들이 신라왕실의 성풍속을 적나라하게 드러내는 가장 대표적인 자료일 뿐만 아니라, 이 설화 속에 당시의 정치상황이 중첩적으로 알레고리화 되어 있다는 생각에 잠기게 되었다. 당시의 정치 상황에 비추어 민공-효종 세력과 예겸-경휘 세력의 각축과 야합의 알레고리일 가능성이 매우 높다는 것이다. 정화부인이 박씨인 것은 분명하다. 민공-효종은 김씨가 분명하다. 예겸은 김씨왕조에서 시중벼슬을 지낸 것으로 보아서 김씨가 분명하다는 설(김창겸)과 신덕왕의 아버지이기 때문에 박씨라는 설(이종욱)이 대립하고 있다. 그러나 김부식이 예겸을 신덕왕의 아버지라고 한 사실이나 박씨문중이 세보에 그의 이름을 올려놓은 상황에서는 예겸박씨설이 힘을 얻을 수밖에 없다. 그러나 신라왕실에서 성씨의 변화는 아주 특별한 경우, 즉 왕에게 아들이 없거나 어린 경우에 일어났으며, 그것 역시 왕의 사위가 자식에게 왕권을 물려주지 않고 다시 되돌려주는 선에서만 인정되어 왔다. 그런데 헌강왕의 사위로 등극한 신덕왕은 왕위를 자신의 아들들에게 물려줌으로써 신라말기에 박씨왕가를 성립시켰던 것이다. 이 사건은 신라의 멸망을 앞당기는 도화선이 되었다. 경애왕의 죽음은 두 세력의 이같은 갈등에서만 이해될 수 있다. 결국 신라의 마지막 왕권은 효종의 아들 경순왕에게 돌아갔다. 처용설화는 헌강왕에서 경순왕에 이르기까지의 탐락자심, 즉 왕실내부의 복잡한 정치적 갈등을 소재로 하고 있는 것이다.

알지 못했던 여러 가지 부정적 측면들이 드러나는 것을 알 수 있다. 우리는 그 동안의 학술적 논의들을 바탕으로 처용사건을 거시적으로 볼 경우에 얼마든지 그 역사적 진실에 다가설 수 있게 되었다. 처용가는 신라왕실의 골품제가 타락하던 시기에 직접 목도된 사건이 분명하다. 처용설화는 정치적 야합을 통한 왕권구축의 필요성 때문에 신화화 과정을 거치게 되었고, 그 과정에서 성담론적 요소가 배제되고 벽사진경의 원리가 주축을 이루게 된 것이다.

3. 결론 및 개선방안

처용가는 대표적인 향가로서 문학사적 위상을 가지고 있다. 그리고 처용무 역시 무형문화재로서의 확고한 의미를 가지고 있다. 처용설화에 대한 다양한 학술적 논의들의 가치도 충분히 인정되어야 한다. 그러나 처용컨셉을 울산의 대표적인 이데올로기로 내세우는 것은 전혀 다른 문제이다. 지금까지 일관되게 지적한 것처럼 처용설화는 부정적인 요소들이 많다. 벽사진경의 무속신앙이라는 종교적 편향성을 드러내고 있으며, 고대 신라왕실의 골품제에서 비롯되는 성애적 요소들이 적나라하게 드러나 있다. 그보다 더 중요한 것은 지난 17년 동안 처용문화제는 해마다 정체성 논쟁을 불러일으켰으며, 최근에는 시민적 저항에까지 직면하게 되었다. 시민적 지지를 받지 못하는 컨셉을 가지고 대표축제를 강행하겠다는 발상은 너무나 독선적이고 잘못된 것이다. 따라서 필자는 처용문화제의 개선방안을 세 가지로 정리하고자 한다.

1) 울산광역시 축제 관련 기구의 확장적 통합

2005년 8월 11일에 울산광역시 의회가 제정한 '처용문화제조례안'을 수정하여 처용문화제추진위를 울산시의 모든 축제를 주관할 수 있는 전담기구로 확대 통합할 것을 촉구한다. 이 경우에 울산지역에서 개최되는 20여개 축제들의 경쟁력 향상을 도모할 수 있으며, 울산시 예산 28억원과 민간지원 약 5억원을 합한 33억원 규모의 축제예산을 효율적으로 관리할 수 있을 것이다. 또한 축제 전문인력도 보강할 수 있을 것이다. 이번 기회를 통하여 울산의 역사문화적 컨텐츠를 세계만방에 알릴 수 있는 글로벌 축제를 개발해야 한다. 가장 중요한 것은 축제 관련 위원회에 특정인사들이 포진함으로써 의사결정 과정을 경직되게 하거나 시민들과의 의사소통을 방해하는 폐단을 시정하는 동시에 축제전문가들이 제목소리를 낼 수 있도록 시스템을 전면 개편하는 것이다.

2) 울산의 전통문화 창달을 위한 새로운 축제 개념 발굴

전 시민적 차원에서 논란의 대상이 되는 처용문화제 대신 울산을 대표할 수 있는 새로운 브랜드를 찾아야 한다. 역동의 산업수도 푸른 울산을 지향하는 울산광역시 승격 10주년을 맞이하여 울산시민들이 자긍심을 가질 수 있는 미래지향적 가치를 발굴해야 한다.

울산지역에는 국가지정문화재 16점과 지방지정문화재 66점이 있다. 국보 147호 천전리각석이 있고, 국보 제285호 반구대암각화가 있다. 그 밖에도 석남사부도를 비롯한 보물 5점, 검단리 유적 등 5개의 사적이 있다. 가지산과 백운산에서 발원하여 울산 전 지역을 굽이쳐 흐르는 태화강도 울산의 대표 브랜드로서 손색이 없다. 아직도 정체가 불분명한 처용보다는 충절의 표상인 박제상이나 조국 광복을 위해 헌신한 박상진 의사, 그리고 위대한 한글학자 최현배 선생이나 세계적인 경제인 정주영 등을 기념하는 것이 울산시민의 자긍심 고취에 도움이 될 것이다.

울산문화연대가 세 차례의 심포지엄을 통하여 취합한 축제컨셉으로는 '태화강(산업)축제', '쇠부리축제', '박제상축제', '반구대고래축제', '선사문화축제' 등이 있으며, 마지막까지 가장 많은 지지를 받은 컨셉은 '태화강축제'였다. 울산의 축제컨셉이 '공업축제'에서 '처용문화제'로 이어져 왔다면, 에코폴리스를 지향하는 미래 울산의 대표축제는 '태화강축제'가 되어야 할 것이다. '태화강축제' 속에 울산지역의 다양한 역사문화적 컨텐츠를 담아내는 것이 가장 바람직하다는 것이다.

3) 처용 관련 행사의 특성화를 통한 경쟁력 강화

처용문화제가 벽사진경의 정신을 바탕으로 울산시민의 화합을 추구하는 것을 목표하고 있다면 이는 출발부터 잘못된 것이다. 벽사진경이나 제앙초복은 무속신앙의 핵심개념이기 때문이다. 그러나 무속신앙 자체가 나쁘다고 주장하는 것은 아니다. 다만 무속적으로 변형된 처용사건을 울산시민의 대표축제로 삼는 것이 부적합하다는 것이다. 굳이 그런 축제가 필요하다면 무속신앙인 또는 관련자들의 재정 부담으로 운영해야 할 것이다. 이는 부활절과 성탄절 행사비용을 기독교계가 부담하고 석탄일 행사 비용을 불교계가 부담하는 것과 같은 이치이다.

2007년에 실시된 제41회 처용문화제는 이름뿐이지 사실상 '월드 뮤직 페스티벌'로 치러졌다. 만일 그런 축제가 처용의 외피를 둘러쓰지 않고 독자적으로 치러졌다면 훨씬 더 많은 호응을 받았을 것이다. 지난 17년 동안 처용컨셉을 가지고 단 한 번도 성공적인 축제 프로그램을 만들지 못하였다. 울산에는 처용매니어들이 있고, 처용을 신으로 숭배하는 사람들도 있다. 그러나 자신들이 좋다고 하여 일반시민들이 혐오하는 것을 대표축제로 계승 발전시켜야 한다고 고집하는 것은 온당치 못하다. 따라서 처용 관련 행사가 꼭 필요하다면 전문적인 학술제나 예술제의 형태로 분리하여 실시하는 것이 바람직하다고 생각한다. 이러한 해결책만이 울산시민의 정서적 화합을 도출할 수 있을 것이다.

'선바위'는 울산시가 선정한 12경 중의 하나이다. 그래서 2007년 6월에 강남교육청 교명선정위원회는 내년에 개교할 구영지구의 신설 초등학교를 '선바위초등학교'로 선정하였다. 그 결정에 대하여 학부모들이 들고 일어났다. 동네처녀를 몰래 짝사랑해온 스님이 큰물에 떠내려온 바위가 처녀를 덮치려고 한 것을 구해주려다 함께 죽었다는 전설 때문이었다. 그 전설 역시 애틋한 사랑의 이야기임에 틀림이 없다. 그러나 초등학교의 이름으로는 부적절한 것이 사실이다. 설문조사에서 724명의 학부모들 가운데 91.6%인 663명이 교명에 반대하였으며, 시교육위원회는 학부모들의 의견을 받아들여 '울주명지초등학교'로 이름을 변경하였다. 이름은 매우 중요하다. '선바위초등학교'가 부적절하다면 '처용초등학교'라는 이름은 더 부적절할 것이다. 하물며 초등학생들로부터 울산광역시의 시민 모두가 함께 참여하는 대표축제의 이름이 처용문화제라는 것은 도저히 이해할 수 없다. 한 개인이나 단체가 하는 행사라면 문제삼지 않을 수도 있다. 그러나 울산시민 전체의 행사이고, 그것도 대표축제의 이름이다. 울산시민들은 이제 불륜과 간통의 이미지로부터 벗어나야 한다. 그래서 대표축제의 이름을 '태화강축제'로 변경할 것을 제안하는 것이다. (2007.12.03)

진성규 교수의 논평에 대한 답변

절제되고 품위있는 논평에 대하여 감사드린다. 이 자리에서 처음 뵙지만, 고려불교사 연구의 권위자이시고, 보조 지눌에 대한 훌륭한 논문을 발표하셔서 개인적으로도 존경하는 마음을 가지고 있다.

1. 벽사진경에 대한 답변

모든 종교가 벽사진경적 요소를 가지고 있으며, 불교와 기독교에서도 그 유래를 찾아볼 수 있다. 모세사건에서도 문첩신앙의 유래를 찾을 수 있다. 그리고 한국 불교와 기독교에 무속적 요소가 습합된 것도 인정한다. 그러나 처용문화제의 경우는 다르다. 처용설화가 무속적이라는 사실 자체보다는 문학적 가치만을 강조하여 대표축제의 타이틀로 가져왔다. 그러다가 외설 논란으로 정체성 문제가 제기되자 벽사진경만을 강조하게 된 것이다. 그 결과 처용축제는 필연적으로 무당축제로 전락하고 말았다. 벽사진경은 종교적 형식이지만 어떤 신이 어떤 악귀를 물리쳤는가에 따라서 종교 신앙의 내용이 달라진다. 하느님(천주교), 하나님(개신교), 부처님(불교)이냐, 처용이냐는 매우 중요한 문제이다. 만일에 처용신이 역신을 물리친 것을 기념한다면 무속인들의 축제가 되는 것이고, 그 비용 역시 그들이 부담해야 한다. 여기에서 '종교적 편향성'이란 신앙 유형의 차이를 언급한 것이다. 특정 종교적 요소만을 시민축제의 대상으로 삼는 것이 편향적인 것이다.

2. 아내의 불륜에 대한 처용의 태도 및 처용설화의 정치사적 해석 가능성에 대한 답변

처용의 행위를 비난한 것이 아니고 왜 그런 태도를 취했을까를 당시 정황에서 이해하고자 하였다. 그 결과 처용사건이 골품제와 근친혼에 바탕을 둔 신라왕실의 성 스캔들이라고 해석한 것이다. 처용설화는 무왕이 퍼뜨린 서동요처럼 유언비어적 성격을 지니고 있다. 성애적 요소로써 교묘하게 흥미를 유발하면서 카리스마적 권위를 가진 자를 만들어내고 있다. 서동요가 조작적 측면을 가진 것처럼 처용설화 역시 조작적인 분위기가 강하다. 그것은 왕경인과 지방호족, 경문왕가의 화랑세력(민공, 효종)과 육두품을 비롯한 신진세력(예겸, 계강) 사이의 권력투쟁을 배경으로 설정하고 있다. 그래서 처용사건은 단순히 성애적 사건에 그치지 않고 신라왕권을 뒤흔드는 정치권력의 암투와 연관된 것으로 해석될 수 있는 것이다. 이러한 정치적 배경 속에서 처용의 태도가 납득된다 하더라도 그것을 현대를 사는 울산시민들에게 해마다 기념행사로써 주지시키는 것은 부적절하다고 본다. 다윗왕이 우리야의 아내 밧세바를 강제로 취하여 솔로몬을 낳았지만 기독교인들은 그것을 기념하지는 않는다. 그것은 잘못된 것이기 때문이다. 울산시도 처용부인의 간통사건을 기념할 것이 아니라 박제상과 박상진의 충절을 기념해야 마땅하다.

3. 정체성 논란은 처용설화의 표피적 해석이라는 지적에 대한 답변

처용문화제는 출범 당시부터 정체성 논란에 휩싸였는데, 그 핵심이 바로 외설성이다. 그러나 처용설화에 외설적인 요소만 있다고 하지는 않았다. 그리고 외설적이므로 도덕적으로 나쁘다고 주장하지도 않았다. 그것은 처용추진위 지도부가 너무나 강력하게 외설성을 부정해 왔기 때문에 사실이 그렇지 않다는 점을 보여주기 위한 전략적 논의였을 뿐이다. 신라시대의 성생활을 조선시대의 유교적 관점이나 현대의 도덕으로 재단하려고 해서는 안 된다고 본다. 그 시대에 필요한 생활철학이었기 때문이다. 그렇다고 해서 그것을 우리 시대에 울산의 대표적인 지향가치로 삼아야 한다거나 해마다 대표축제의 형태로 기념해야 한다고 생각하는 것 역시 문제가 있다고 본다. 신라문화를 우리시대에 맞게 기념하려면 처용 관련 축제보다는 박제상 축제가 더 의미있다고 생각한다. 그리고 처용 관련 축제가 필요하다면 학술제나 예술제의 형태로 특성화되어야 한다고 본다.

(2007.12.03)

[참조] 진성규(중앙대 역사학과 교수): 김진 교수 발표문 "처용문화제의 문제점과 개선방안"에 대한 토론문

우선 열정적으로 원고를 집필하신 김진 교수님께 감사를 드립니다. 울산에 살고 계시면서 울산의 지역문화 발전에 많은 노력을 경주하고 계신 것으로 짐작이 됩니다. 생면부지生面不知의 처지에서 토론을 맡게 되었으니 행여 결례된 점이 있드래도 해량하시기 바랍니다. 토론자는 역사를 전공하면서 한편으로는 불교사를 공부한다는 점에서 종교철학을 전공하시는 김교수님과는 서로간에 공통점이 있는 것 같아 기쁩니다.

이번 발표 주제는 '처용문화제의 문제점과 개선방안'이라 토론자로서는 분수에 맞지 않는 것 같기도 합니다. 그러나 역사학도로서 관심이 있었던 주제이고 불교와도 전혀 무관하지 않는 면도 있어 사족을 붙일 수 있을 것 같아 토론을 맡게 되었습니다. 발표문을 읽으면서 많은 점을 배우게 되었습니다. 발표문을 통해 울산시 처용문화제에 대한 논란이 주로 2004~2007년간 많이 제기되었던 것을 알 수 있습니다. 특히 '경상일보'에서 처용 문화제의 문제점을 많이 보도한 것 같습니다.

발표자께서는 처용 문화제 명칭 논란의 발생적 근거와 처용설화의 해석상의 문제점을 제기한 후 개선방안을 제시하는 순서로 발표문을 작성하셨군요. 토론자도 그 순서대로 느낌을 전개시키고자 합니다.

1. 발표자께서는 처용 문화제가 문제가 되는 근거로 '벽사진경辟邪進慶'을 문제 삼고 계십니다. 이럴 경우 처용處容은 무당이 되어 타 종인들의 참여를 배제하게 된다고 주장합니다. 아마 기독교계를 염두에 두고 있는 것 같습니다만. 9세기 경 헌강왕憲康王 당시 처

용설화에 나타난 무속적 요소는 오늘날 기독교나 불교신앙 행위 속에서 엄연히 남아있는 것으로 알고 있습니다. 즉 현대인의 심성 저 아래는 원시성이 항상 공존하고 있지요? 문제는 이 문화현상을 합리적으로 어떻게 해석하느냐가 문제가 된다고 봅니다. '벽사진경'이 종교적 편향성을 초래케 했다는 것이 오히려 편견이 아닐까요?

2. 처용處容의 외설적猥褻的 요소 즉 처용부인과 역신疫神의 간통을 처용 문화제에서 '관용과 화합'이라고 내세운 점에 대해 강력히 질타하고 있습니다. 기록상으로 봐서는 처용의 행위는 비난받을 대상으로 되어 있지요? 그러나 이 내용은 상징성을 갖고 있기 때문에 문면文面으로 봐서는 곤란하지 않을까요? 역사분야 논문 중 김기홍 교수는 처용處容을 헌강왕憲康王의 아들 요嶢 즉 효공왕孝恭王으로 보는 착상은 의미 있는 것 같습니다. 발표자도 역사분야 박인희 교수의 논문을 의미 있게 평가했듯이(주 47: 처용處容을 동해안 지방 호족인 문원文元으로, 역신疫神을 중앙의 정치적 세력인 예겸乂謙으로 비교) 신라왕실 또는 귀족계급들의 권력쟁투 과정에서 나타난 분식된 모습으로도 이해가 가능하지 않을까요?

3. 처용문화제는 외설이 문제가 되어 정체성이 없다는 주장을 하고 있는데, 이 문제는 처용설화를 표피적表皮的으로 보는 데서 비롯된 것 단견短見이 아닐까요?

* 처용연구는 다각적으로 연구되어 있지만 결론을 도출하기 어렵다는 점에서 아직도 진행형입니다. 토론자로서는 처용설화를 단순히 벽사진경辟邪進慶, 외설적猥褻的 측면으로 바라보는 단선적單線的 측면을 지양하고 9세기 신라문화를 이해하려는 역사적 측면을 고려해 처용문화제가 지속되기를 바라는 처지임을 밝혀두고자 합니다.

김학성 교수에 대한 반론

1. 김학성 교수는 토론문에서 처용텍스트는 역사기술물이 아니고 한 편의 설화로 평가되어야 한다고 강조하면서 필자의 역사철학적 해석을 비난하였다. 그러나 이러한 주장은 그의 처용 논문들을 고려할 때 전혀 의외이며, 심지어 그 동안 그 자신이 주장하였던 사실들과 모순되기조차 하다. 설화를 제아무리 설화로만 보아야 한다 하더라도, 그 설화가 해석되기 위해서는 언제나 또 다시 역사적 사실에 대한 검토가 필요하기 때문이다. 김학성 교수 자신도 1990년의 처용 논문에서 처용설화를 "의사 역사기록물"로 보았으며, 1995년 논문에서는 처용을 화랑으로 규정하였다. 설화적 인물인 처용을 화랑으로 규정한 사실 자체가 처용설화를 역사적으로 접근한 것이 아니고 무엇이란 말인가?

또한 그는 『처용연구전집』 문학편의 해설, "처용전승의 설화중심 문학적 연구사"라는 글에서 "N(Narrative 설화문맥의 서술) = E(Evidence 역사적 근거) ± α (허구성과 상징성)"라는 도식을 제시한 적이 있다. 이에 의하면 설화는 역사적 사실에 허구성이 가미된 것으로 정리될 수 있다. 설화는 역사적 사실과 신화소의 결합물인 것이다. 그렇다면 설화는 설화로서만 접근해야 한다는 울산에서의 발언은 자신의 기존 연구주장과 배치되는 것이 아닌가?

2. 김학성 교수는 지금까지 처용전문가로 알려져 왔다. 그런데 그의 논문을 검토해 보면 처용에 대한 규정이 그 때마다 달라지고 있다. 단순한 실수나 착오일 수 있다고 생각하여 다시 꼼꼼하게 살펴보았으나 그런 것 같지는 않았다.

1977년의 논문에는 그는 처용을 '민중'으로 규정한다. 무당이나 무조巫祖도 아니고 호국룡과 같은 상징적 존재도 아닌 실존인물의 계층인 것이다. 이에 반하여 그는 역신을 '강자'强者로 규정하고 있다. 따라서 처용가가 "민중의 여론에 호소하기 위하여 유포된 민요적 향가"라고 주장한다. 처용설화를 민중론적으로 접근한 것이다. 민중론은 1970년대 이후 현대 한국사회에서 논의되기 시작한 담론체계로서 문학, 사회학, 신학 등의 학문영역에서 활발하게 거론된 바 있다. 김학성 교수는 처용설화를 바로 그 민중론으로 접근한 것이다. 이것이 역사적 접근이 아니고 설화를 설화로서만 본 것이라고 할 수 있겠는가?

그러나 1990년의 논문에서는 처용을 '용신의 대리자'로 그리고 역신을 '간범'이라고 규정하고 있다. 어제의 민중이 오늘에는 용신의 대리자로 바뀐 것이다. 여기에서 그는 처용가는 호국신사상이 주술적 가요로 전락한 것이고 선불교의 교화원리가 무속적으로 변형된 것이라고 해석하였다. 한편으로는 처용을 무속적 세계관의 모티브와 융합된 신격 존재로 격상시키면서도 다른 한편으로는 처용의 파트너인 역신을 간범으로 규정하여 세속화시키고 있다. 그의 논문을 아무리 너그럽게 읽어준다 하더라도 격식이 맞지 않는 것 같다. 처용가를 종교적으로 해석하였다면 역신의 존재 역시 그런 관점에서 설정되어야 일관성을 유지할 수 있을 것이기 때문이다.

그런데 김학성 교수는 1995년의 논문에서 처용을 '화랑'으로 그리고 역신을 '악의 화신'으로 규정하고 있다. 논문을 쓸 때마다 처용의 모습이 달라지는 것은 이해할 수 없는 일이다. 물론 처용이 천의 얼굴을 가진 인물이기 때문에 그럴 수 있다고 주장할지 모르겠지만, 전문적인 연구자가 취할 수 있는 태도는 아닌 것 같다. 처용이 누구인가에 대한 학술적 주장은 아무렇게나 이루어지는 것이 아니다. 처용이 민중이라면 용신의 대리자나 화랑이 될 수는 없을 것이다. 처용을 민중이라고 보았을 때의 해석구조는 화랑으로 보았을 때의 해석구조와 일치할 수 없으며, 그렇다면 그 두 가지 입장 중에서 하나는 분명히 잘못 되었을 것이다. 그러나 김교수는 이전의 연구성과에 대한 특별한 언급 없이 처용에 대한 해석을 변형시키고 있다.

그런데 처용을 화랑으로 보는 논문은 이미 김정희에 의하여 작성된 바 있다. 김정희는 처용을 '화랑'으로 역신을 '반왕권파 세력'으로 규정하였다. 처용설화를 역사적, 정치적 구조에서 해석한 것이다. 처용을 화랑으로 보았기 때문에 역신을 반왕권파 세력으로 본 것은 일관성을 가진다. 그러나 김학성 교수는 처용을 화랑으로 보면서도 역신은 '악의 화신'이라고 추상화 한다. 역사적 존재인 화랑을 끌어들이면서도 역신의 존재를 추상화한 것은 언밸런스라고 할 수밖에 없다. 그는 이 논문에서 처용을 무속이 아닌 화랑문화권의 산물이라고 해석하고자 시도하였으나, 왜 1990년의 논문에서는 '용신의 대리자'였던 처용이 1995년의 논문에서는 '화랑'이어야 하는 지에 대한 명쾌한 입장 표명이 결여되어 있다.

3. 또 하나 특이한 사실은 그가 처용설화를 해석하면서 『화랑세기』를 원용하고 있다는 점이다. 그는 처용의 행위를 사랑하는 여인 미실이 세종 전군의 아내가 되었지만 죽을 때까지 사랑을 바쳤던 화랑 사다함에 비교하기도 하였다. 그러나 김교수는 『화랑세기』가 위서가 아니라는 사실을 굳게 믿었으면서도 그 책에서 보여주고 있는 본질적인 부분들에 대해서는 외면하는 오류를 범하였다. 『화랑세기』는 신라 왕실의 성풍속도를 적나라하게 보여주고 있었던 것이다. 물론 우리는 그와 같은 고대 사회의 성풍속이 부도덕하거나 잘못이라고 지적하고자 하는 것이 아니다. 다만 그것이 현대사회에서 기념할만한 가치지향이라고 볼 수 없다는 점을 강조하고자 한 것이다.

『화랑세기로 본 신라인 이야기』(김영사 2000)의 저자 이종욱 교수는 처용가와 서동요 등이 『화랑세기』의 통정관계, 남녀 관계를 그대로 보여주는 사례라고 지적하였다(504쪽). 『화랑세기』의 관점은 처용가를 의미있게 해석할 수 있는 단초를 제시해 줄 수 있다는 것이다.

이종욱 교수는 『화랑세기』가 위작이라면 『삼국사기』와 『삼국유사』도 위작일 것이라고 주장하면서, 『화랑세기』의 역사적 진정성을 입증할 몇 가지 전거를 제시하였다. 첫째로 관위이다. 진흥왕 때 세종을 '병부우령'이라고 한 것은 『화랑세기』에만 나오는 사실이다. 그런데 572년 당시 병부령은 두 명이었으며, 이는 『화랑세기』에만 나오는 사실이다.

둘째로 '선덕공주'라는 명칭이다. 선덕여왕은 632년에서 647년까지 치세하였다. 그런데 김유신의 여동생 문희가 문무왕을 임신하고 있었을 때 김춘추의 어려움을 해결해 주었던 선덕의 지위가 『삼국유사』에는 여왕으로 나오지만, 『화랑세기』에는 공주로 나온다. 이러한 사실에서 56세에 죽은 문무왕의 출생시기를 626년경으로 추정할 수 있다는 것이다.

셋째로 구지溝池이다. 5세 풍월주 사다함 조에 무관랑이 밤에 월성궁의 담을 넘다가 구지에 빠져서 심하게 다쳐 죽었다는 기록이 나온다. 1980년 발굴을 통하여 월성 주변이 구지로 되어 있다는 사실이 처음으로 알려졌다.

넷째로 용수와 용춘이다. 『삼국사기』와 『삼국유사』에서는 용수와 용춘이 한 사람인 것처럼 착각하게 하는 표현이 있다. 『화랑세기』는 김춘추가 용수와 천명공주 사이에 태어났으나 용수가 죽자 그 동생 용춘이 대신하였다는 기록이 있다(형사처수).

다섯째로 포석砲石이다. 경애왕이 놀다가 견훤에게 죽었다는 포석정鮑石亭이 화랑세기에는 포석사라고 나와 있는데, 1999년 5월 7일 포석砲石이라는 명문이 있는 기와가 발굴되었다.

서울대 노태돈 교수를 비롯한 이른바 정통사학자들은 『화랑세기』의 존재를 부정하지만, 그것이 위서라는 확실한 근거 역시 아직 제시되지 않고 있다. 그와 반대로 『화랑세기』에 나오는 역사적 사실들이 고고학적 발굴을 통하여 입증됨으로써 그 신빙성은 점점 더 커지고 있는 실정이다. 『화랑세기』의 신빙성에 대해서는 김태식의 『화랑세기, 또 하나의 신라』(김영사 2002)와 이종욱 교수의 『화랑세기』(소나무 2005), 『색공지신 미실』(푸른역사 2005)를 참조할 수 있다.

김학성 교수도 그 진정성을 의심하지 않고 있는 『화랑세기』에는 근친혼과 색공과 마복자 등의 개념들이 적나라하게 드러나고 있는 신라왕실의 성풍속을 들여다 볼 수 있으며, 이런 개념들을 가지고 처용설화의 역사적 배경이 되는 헌강왕 시대에서 경순왕 시대까지를 살펴볼 경우에 처용가는 신라의 왕실이나 권력층에서 빚어진 성 스캔들을 표현한 것이라는 사실에 도달할 수 있다. 그럼에도 불구하고 김학성 교수는 이런 본질적인 부분들에 대하여 외면하고 있는 것이다. (2007.12.04)

처용설화의 새로운 해석

지금 울산에서는 처용설화에 대한 논의가 분분하다. 그 대체적인 모습은 처용문화제의 명칭폐지와 관련된 찬반운동의 성격을 띠고 있으나, 그런 와중에서도 2005년도에 간행된 『처용연구전집』(전7권) 이후에 단절된 처용학에 대한 학술적 논의가 재개되었다는 점에서 의미가 크다.

처용문화제가 진행되면서 처용학에 대한 논의가 중단된 것은 아이러니이다. 상식적으로 생각하면 처용에 대한 심층적인 이해가 울산의 대표축제인 처용문화제의 탄탄한 기반이 될 것이 분명하다. 그런데 처용에 대한 학술적 논의가 처용문화제의 존립기반을 뒤흔들 위험이 있다는 우려에서 학술 심포지엄 행사는 중단되고 말았다.

필자는 2년 전부터 처용설화에 대한 관심을 갖기 시작하였다. 이번에 간행된 『처용설화의 해석학』은 그런 생각들을 정리해 본 것이다. 필자는 이 책이 처용설화의 해석 논의에 새로운 지평을 열 것이라고 확신한다. 문학적, 민속학적, 역사학적 접근에 이어서 처음으로 도입된 철학적 해석이라는 이유에서 뿐만 아니라, 지금까지의 해석을 거꾸로 뒤집어보는 전복적 해석학의 방법론을 적용하였기 때문이다. 필자의 처용 해석은 울산사회에 상당한 파급효과를 불러일으켰으며, 지난 12월 3일에 울산시의회 대회의실에서 열린 학술심포지엄에서 처용학 분야의 대가라고 알려진 김경수 교수(중앙대), 김학성 교수(성균관대)와 논전을 벌인 적이 있다.

김경수 교수의 경우에 설화는 설화로서만 이해해야 한다면서, 설화의 아름다운 면을 부각시킬 경우에 처용설화를 대표축제의 형태로 기념할 필요가 있다고 주장하였다. 김학성 교수 역시 설화는 역사기술물이 아니라고 거들었다. 그런데 이 두 교수가 발표한 논문들을 살펴보면, 설화문맥의 서술Narrative은 역사적 근거Evidence와 허구적이고 상징적인 것(α)으로 구성되어 있으며, 처용은 '도래자'(김경수) 또는 '화랑'(김학성), 그리고 역신은 '중앙집권세력'으로 각각 규정되고 있다. 그들 역시 설화를 설화만으로 이해하지 않고 역사적 정황 속에서 파악하였던 것이다. 이는 자체모순이 분명하다.

특히 김학성 교수는 1990년 논문에서 처용설화를 '의사 역사기록물'로 규명한 적도 있다. 그런데 더 이상한 것은 그는 논문을 쓸 때마다 처용을 다르게 규정한다는 사실이다. 그는 1977년 논문에서 처용을 '민중', 1990년 논문에서는 '용신의 대리자', 그리고 1995년의 논문에서는 '화랑'으로 각각 다르게 규정하였다. 학자가 입장을 바꿀 때는 분명한 이유와 설명을 제시해야 하지만 그런 것을 찾아볼 수는 없었다. 논문을 쓸 때마다 처용의 얼굴이 달라진다는 것은 해석방법론 자체가 잘못되었다는 것을 뜻한다.

그래서 필자는 기존의 처용해석을 전복적으로 접근해볼 생각을 갖게 되었다. 처용설화의 초기연구자들은 처용의 태도를 일반적으로 관용이라고 해석하였지만, 필자는 그러한 해석이 잘못된 해석방법론에 기인한다고 보았다. 초기연구가들이 처용의 태도를 관용으로 해석한 것은 일연스님의 주석이나 고려 처용가에 대한 무속적, 민속학적 연구경향 때문이었다. 고려 처용가가 벽사진경을 주제로 하는 무가巫歌로 분류되고 있기 때문에, 그러한 관점에서 신라 처용가 역시 역신 퇴출 부분만을 강조하였던 것이다.

그러나 신라 헌강왕 시대에 유포된 것으로 기록된 처용가는 설화가 채록된 고려시대나 그 이후 시점에서 해석되어서는 곤란하다. 오히려 그 이전의 정치사회적 상황에서부터 살펴보아야 하는 것이다. 따라서 나는 처용이 본 사실[통간장면]이 처용의 행위에 대한 평가[관용과 벽사진경]보다 더 원초적이라고 보았으며, 그런 시각에서 신라왕실의 근친혼에 따른 성풍속과의 연관성에 주목하였다.

필자는 처용설화가 신라왕실과 관련된 사건이고 권력투쟁과 긴밀한 관계를 가지고 있다고 확신한다. 처용이 귀신을 물리쳤다는 이야기는 정치권력의 우위를 차지하려는 세력들이 만든 유언비어에 지나지 않는다. (2007.12.10)

처용가는 외설적이다

송수환 박사가 필자의 처용설화 해석에 대하여 반박하는 글을 기고한 바 있다. 이 글은 그에 대한 반박이다. 송박사는 필자의 처용설화에 대한 해석을 '외설론'이라고 부르면서, 이는 잘못된 학문적 근거에 기초하기 때문에 철회되어야 한다고 주장한다. 그는 필자의 처용설화 해석의 논거를 처용설화가 신라왕실의 문란한 성풍속이 반영된 외설이고, 처용설화는 무속신앙적 요소가 많아 종교적 편향성이 있다는 두 가지로 압축한다.

어떤 학자의 입장을 비판하려면 먼저 그에 대한 정확한 지식과 이해가 필수적이다. 위의 두 가지 사실은 처용문화제가 울산시의 대표축제로서 부적합하다는 주장에 대한 논거이지, 처용설화의 외설성 주장에 대한 논거가 아니다. 필자의 주장에 대한 이해가 부족했던 것이다.

송박사는 처용 외설론이 박인희 교수의 '신덕왕 등극설'에 기초하고 있으므로, 이것이 허구라는 것을 입증하면 외설론도 타당성을 잃게 된다고 강변한다. 그는 문원(박교수의 처용설)이 울산의 호족세력이고 그의 아들이 왕이 되었다면, 울산의 지방세력이 중앙세력을 물리치고 권력을 장악한 특이한 사건이어서 신라사 전공자들이 거론했을 것이지만, 그런 사실은 없다는 것이다.

송박사의 주장은 일방적이다. 필자는 처용가가 성애적 표현이라는 사실, 그리고 헌강왕 시대와 그 이전의 신라왕실에서의 성풍속에 비추어 볼 경우에 그것은 단순한 문학적 비유가 아닌 실제 사건일 가능성이 크다는 점을 강조하면서, 박인희 교수의 처용 해석이 가장 설득력이 있다고 보았다. 박인희 교수의 가설은 역사적 사실에 근거하므로 쉽사리 무너질 성질의 것이 아니다. 더구나 필자의 처용 해석은 박인희 교수의 학설에만 의존하는 것도 아니다.

예겸 혹은 문원의 아들인 경휘가 912년에 신라 제52대 신덕왕으로 등극한 것은 뒤집을 수 없는 역사적 사실이다. 예겸은 중앙귀족이고 헌강왕 때 시중 벼슬을 지냈으며, 나중에 효공왕에게 딸을 왕비로 내주었던 막강한 권력자였다. 그러나 문원이 누구이고 어디 사람인지는 알려지지 않고 있다. 박인희 교수가 문원을 울산 호족세력으로 상정한 것은 가정이고, 그의 처용 문원설 역시 하나의 가설일 뿐이다. 필자는 그의 가설을 선별적으로 수용하였다. 김부식 이후의 역사서가 신덕왕을 예겸의 아들이라고 기록함으로써 울산호족에 의한 왕권장악설은 제기될 필요조차 없었던 것이다.

처용설화의 외설적 해석의 핵심은 일연스님이 망해사를 신방사新房寺라고 불렀던 사실과 헌강왕이 사냥구경을 하면서 한 여인과 관계를 가져서 서자를 요(효공왕)를 낳았던 사실에 있다. 이 두 기록이 동일한 사건인가를 확인해 줄 수 있는 사료는 없다. 두 기록의 정합성을 고려하여 하나의 사건일 가능성이 높다고 추론할 수 있을 뿐이다. 이와 마찬가지로 예겸과 문원의 관계 역시 추정된 것이다. 송박사는 기록으로 확인되는 역사적 사실과 그것들에 근거한 논리적 추정 사이를 혼돈하는 것 같다.

송박사는 신덕왕의 아버지 예겸이 『삼국유사』 왕력편에 의부義父로 나와 있는 사실에 근거하여, 문원이 죽은 후 정화부인이 예겸에게 개가改嫁한 것으로 보고 박인희 교수의 예겸 역신설을 부당하다고 말한다. 그는 고려시대의 의부 개념을 예겸의 경우에 그대로 적용하여 문원이 사망한 후 정화부인이 예겸과 재혼한 것으로 보았다. 따라서 예겸이 정화부인의 간부姦夫가 아니라는 것이다. 그러나 송박사의 주장 역시 확증적 사료에 근거하지 못한 하나의 추정일 뿐이다.

송박사는 '의부'라는 문자 해석에만 집착하여 더 큰 오류를 범한다. 의부라는 말이 반드시 개가를 전제하는 것은 아니다. 개가하지 않은 상태에서 색공의 자식을 양자로 인정했던 신라시대의 마복자摩腹子와 가자假子 개념 역시 의부의 범주에 속한다. 비처왕은 색공 벽아부인의 아들 위화랑을 마복자로 받아들였으며, 진흥왕은 색공 미실이 세종에게서 낳은 하종을 아들로 삼았다. 이들 사이의 부자관계는 모친의 개가를 전제하지 않았던 것이다.

송수환 박사의 주장을 받아들여서 예겸이 신덕왕 경휘의 의부라고 인정할 경우에 전혀 새로운 문제가 야기될 수 있다. 박씨문중의 아킬레스건을 건드리게 되는 것이다. 신덕왕 경휘가 예겸의 직계가 아니라면 문원의 자식일 것이고, 그 경우 문원이 누구인가에 따라서 박씨왕가의 혈통에 중대한 문제를 불러일으킬 것이다.

김창겸 박사는 『신라하대왕위계승연구』에서 송박사와 같은 입장을 취하고 있다. 그는 예겸이 김씨라고 본다. 일연스님은 문원이 박씨라고 확실하게 기록하지 않았으며, 경휘의 어머니 정화부인의 조부만이 박씨 성을 가진 제8대 아달라왕의 먼 후손이라고 기록하였다. 그러나 최치원 선생은 아달라왕에게는 후손이 없다고 하였으며, 김부식 역시 『삼국사기』에 그렇게 기록하였다. 부계가 아닌 모계가 아달라왕의 후손이라는 기록, 그리고 아달라왕에게는 후손이 없다는 기록, 그리고 예겸이 박씨가 아닌 김씨라는 학설 등은 신덕왕의 왕통을 근본적으로 위협하는 것이다. 송박사의 의부 개가설은 결국 박씨문중의 세보를 부정하게 된다.

송박사는 박인희 교수의 처용＝문원, 처용처＝정화부인, 역신＝예겸 가설에 대한 필자의 추론이 사료에 근거하지 않은 가정에 불과하다고 반박한다. 그리고 필자가 외설론을 정확한 사료로써 입증하지 못하는 한 허구라고 주장한다. 그런데 이런 주장은 역사학자를 자처한 송박사의 정체성을 의심하게 한다. 처용설화와 관련된 사료가 극히 제한적이라는 사실을 모르지 않을 것이고, 이처럼 사료가 불충분한 고대사 연구의 경우에 불연속적인 틈새를 합리적인 추론으로 가설체계를 만드는 것이 통례이기 때문이다.

그렇다고 해서 필자가 아무런 근거 없이 처용가의 외설성을 주장한 것은 아니다. 처용사건이 일어난 헌강왕 초기에 시중 벼슬을 지내던 예겸이 갑자기 실각한 사실, 진성왕이 숙부인 각간 위홍이나 미소년들과 탐닉한 사실, 화랑지도자였던 효종 대신에 헌강왕의 서자 요가 진성왕의 후계자로 지명된 사실, 그리고 예겸이 딸을 효공왕비로 보내고 아들 경휘를 헌강왕의 딸과 혼인시킴으로써 이중적인 결속을 유지한 것이 결코 우연은 아닌 것이다. 특히 처용사건과 관련하여 일연스님이 신덕왕의 계보를 상세하게 적어놓은 사실도 무시될 수 없다. 이런 역사적 사건들은 진흥왕 이전의 사료나 『화랑세기』에서 특징적으로 드러나는 신라왕실의 성풍속, 특히 근친혼, 색공, 마복자, 어색, 삼서제 등과 닮은꼴이다.

송박사는 신라왕실의 성풍속은 왕통과 골품을 유지하는 수단이므로 당대의 관점에서 보아야 한다고 말한다. 필자 역시 같은 입장이다. 필자는 예겸과 문원과 정화부인의 관계가 그 이전 시대의 성풍속과 다를 바 없으며, 이것이 바로 처용가에 표현된 그대로의 상황일 것이라고 해석하였다. 그렇다고 해서 필자가 그 시대의 성풍속 자체가 도덕적으로 문제된다고 비판한 것은 아니다. 그런 역사적 사실을 무시하고 처용가의 외설성을 울산시의 대표축제로 기념하는 것이 마땅하지 않다고 지적했을 뿐이다.

송박사는 도화녀 비형랑 설화와 헌강왕의 마복자 사건에 대하여 필자가 도발적인 해석을 통하여 사료를 왜곡한다고 지적하였다. 이런 지적은 그가 역사학자로서 정치한 감각이 없기 때문이라고 생각한다. 진지왕의 혼령이 도화녀를 찾아서 비형랑을 낳았다는 이야기를 역사적 사실로 받아들이는 정도의 식견이라면 더 이상 언급할 가치가 없다. 그러나 헌강왕이 사냥 중에 여인과 관계를 맺어서 서자 요를 얻었다는 기사는 『삼국사기』 진성왕조에서 확인된다. 왜곡이 아니라 사실인 것이다.

처용가가 외설적이라는 것은 대부분의 처용연구가들이 시인한다. 처용추진위측이 12월 3일의 심포지엄에 초청한 인사들조차도 역신을 중앙집권세력이라고 규정하였다. 그 시대의 집권세력 중에서 처용사건에 가장 근접한 인물은 바로 예겸이다. 박노준, 김경수, 김학성 교수들과 같은 처용전문가들도 외설성을 인정하는데, 왜 송박사는 필자의 주장을 제대로 이해하지도 않은 상태에서 설익은 식견을 뽐내는지 알 수 없다. (2007.12.13)

처용추진위 활동 잠정 중단해야

최근 보도에 의하면 처용문화제추진위원회가 3월7일부터 9일까지 호주 아들레이드 시에서 열리는 세계음악무용축제 워매들레이드WOMADralide를 참관하고, 울산시와 아들레이드시의 자매결연을 추진할 계획을 발표하였다.

그러나 울산시나 또는 울산시의 지원을 받고 있는 처용추진위가 대표축제의 정체성 논쟁이 진행되고 있는 상황에서 그 외연 확대를 위하여 노력하는 것은 적절하지 않다고 본다. 울산 시민 모두가 알고 있는 것처럼, 처용문화제는 현재 울산광역시의 대표축제로 부적절하다는 문제제기에 직면하고 있으며, 처용문화제의 존치 여부 및 울산광역시 축제 운영 형태 등에 대하여 오는 3월부터 전문기관에 연구 용역을 발주할 계획이기 때문이다. 이를 위하여 울산시는 이미 예산을 확보한 상태에 있다. 따라서 처용추진위가 일방적으로 활동을 개시하는 것은 시민들의 여론을 무시한 것으로밖에 생각할 수 없다.

연구 용역의 결과가 나올 때까지 처용추진위의 공식 활동은 잠정적으로 중단하는 것이 마땅하다. 또한 현재 추진위가 주제 공연으로 내걸고 있는 월드뮤직페스티벌 역시 정체성 검증을 받아야 한다. 그런 내용의 축제가 필요하다면 처용문화제의 이름이 아닌 독립적인 이름을 내걸고서 축제가 보다 성공할 수 있도록 힘을 실어주어야 하기 때문이다.

우리는 처용문화제 및 처용문화제추진위원회가 처용 관련 행사를 주된 내용으로 하는 전문축제 및 기관으로 운용되는 것에 대하여는 반대하지 않지만, 울산광역시의 대표축제 또는 축제전담기관으로 군림하는 것에 대해서는 명백한 반대 입장을 표명하였다. 처용문화제를 대표축제로 유지하는 것은 시민화합에 역행할 뿐만 아니라 울산시민으로서의 자긍심을 훼손하는 일이다. 동시에 처용추진위가 간절곶 해맞이 행사 등 울산광역시의 축제 행사에 개입하는 것은 마땅하지 않다.

처용문화제는 간통과 불륜을 소재로 하고 있으며, 이를 울산광역시가 세비를 투입하여 미화하는 일은 더 이상 간과될 수 없다. 이미 울산시민들을 대표할 수 없는 사고 축제로 전락하였기 때문이다. 더구나 처용에 대한 민간신앙은 이미 무속신앙의 한 형태로 자리잡고 있어서, 오늘날과 같은 종교다원주의 사회에서 특정 종교신앙의 축제에 대하여 7억원 이상의 세비를 사용하는 것은 형평성에 어긋나는 처사라고 할 수밖에 없다.

따라서 울산광역시가 처용문화제를 현재와 같은 상태로 유지하고 싶다면 울산 지역의 문화창달을 목적으로 하는 불교, 유교, 기독교, 천도교, 대종교, 증산교 등의 모든 종교단체에게 그에 준하는 축제를 발굴, 육성할 수 있도록 예산을 지원해야 할 것이기 때문이다.

다시 말하지만, 현재 처용문화제와 처용문화제추진위원회는 그 활동을 잠정 중단해야 한다. 2008년 행사를 치르지 못하는 경우가 있더라도 대다수의 울산 시민들이 수긍할 수 있는 축제

틀을 만들 때까지 자제하는 것이 마땅하다. 더 이상 시민들의 혈세를 낭비하는 일이 없도록 당부하는 바이다. (2008.02.20)

박씨왕가 관련 학설에 대하여

처용논쟁에서 헌강왕 때 시중 벼슬을 지냈던 '예겸'이라는 인물이 뜨거운 감자로 급부상하였다. 그는 헌강왕 6년에 시중 직위에서 물러났던 인물이다. 각간 위홍세력의 견제를 받은 것으로 보인다. 그러나 그는 정강왕 이후의 권력 창출에 암암리에 관여하였다. 특히 진성여왕과 효공왕의 등극에 적극 개입하였으며, 그 여세를 몰아서 신덕왕의 박씨왕권 창출에 결정적으로 공헌하였다. 그런데 최근의 처용학 연구에서는 바로 그 예겸이라는 인물을 역신으로 보는 입장이 강화되면서 박씨문중 인사들의 거센 반발에 부딪치고 있다. 이처럼 처용논쟁에서 제기된 예겸이라는 실존인물은 신라후기의 박씨왕가의 출현과 밀접한 연관이 있어서 박씨문중 차원에서 관심을 가질 만하다.

그러나 울산시의 대표축제인 처용문화제의 명칭변경을 둘러싼 논쟁의 과정에서 처용문화제추진위원장이라는 공직에 있는 박종해씨(이하 존칭 생략)가 직접 나서서 이 문제를 제기하고 자신의 문중세력을 끌어들인 것은 공인으로서 온당한 처사가 아니었다. 그는 필자가 박씨문중을 모독하였다고 공개적으로 비난하는 데 그치지 않고,[1] 자신의 문중 지도부로 하여금 규탄성명서를 발표하도록 자극하였다.[2] 2007년 12월 3일, 울산광역시의회 대회의실에서 개최된 처용 관련 공동 심포지엄에서도 박종해는 발표자들에게 폭력적인 언행을 유감없이 드러내어 참석자들에게 충격을 주었다.

다시 말하지만 처용-문원, 예겸-역신설은 어디까지나 학문적인 차원에서의 주장이다. 이 주장은 박인희 교수가 처음 제기하였으며, 그 논문은 처용전집간행위원회가 편집, 간행한 『처용연구전집』 제4권에 수록되어 있다. 이 처용전집의 간행에는 김경수 교수(처용전집간행위원장)를 중심으로 김학성, 양명학 교수 등이 참여하였다. 이미 학계의 검토를 거쳐서 시중에 공개된 것이다. 필자는 그 자료를 분석하여 울산시민들이 쉽게 알아들을 수 있도록 정리하여 발표하였을 뿐이다. 필자는 처용논쟁 중에서 박씨문중의 명예를 훼손할 어떤 의도도 갖고 있지 않았다. 모든 주장과 논의들은 순수하게 학문적인 차원에서만 개진되었으며, 처음부터 처용논란이 특정 문중의 이해관계와 결부된 것이라는 생각을 해 본 적도 없었다. 이 문제를 처음 거론한 것은 박종해 자신이었으며, 그것도 처용문화제추진위원장이라는 직책을 사

---

1) 박종해는 2007년 8월 8일 CBS 노컷뉴스에 '처용문화제추진위원장'과 '울산예총회장'이라는 공식 직함을 사용하여 "한 대학교수의 소설 같은 주장에 대하여"라는 특별기고문을 발표하였으며, 동일 내용의 기고문을 울산매일신문에 "김진교수의 '처용 폄훼'를 반박한다"라는 제목으로 동시 게재하였다. 이에 대한 필자의 반박은 이 책의 67쪽 이하에 수록하였다.

2) 사단법인신라오릉회(박씨대종친회) 외 9개 박씨 종친회 관련 단체들은 2007년 9월 30일 한빛신문 9호에 "조상의 명예를 훼손한 김진교수는 사죄하라"는 규탄문을 게재하였는데, 이 규탄문의 주요 내용들은 박종해의 기고문과 거의 일치한다. 필자는 이 규탄문에 대해서는 학문외적인 문제라고 판단하여 대응하지 않았다. 그러나 여기에서는 학술적으로 문제가 있다고 생각되는 몇 가지 사항들에 대해서는 분명하게 정리하고자 한다.

용하면서 필자를 비난하였던 것이다.

그렇다면 무엇 때문에 박종해와 울산의 박씨문중 인사들은 그토록 흥분했던 것일까? 필자 역시 당시에는 전혀 납득하지 못하였으나 지금은 그 이유를 분명하게 정리할 수 있을 것 같다.

처용사건의 해석 논쟁은 신라말기에 출현한 박씨왕가와 직접적으로 연결되어 있다. 따라서 우리는 박씨왕가의 출현과 관련하여 학계 및 일반에 커다란 반향을 불러일으켰던 몇 가지 주장들을 정리하는 것으로부터 논의를 이끌어야 할 것이다. 재미있는 사실은 일부 교수들이 박씨왕가의 존재를 부정하는 논문을 발표하였다가, 엄청난 외부 압력에 직면하게 되었고, 결국에는 언론에 사과문을 발표하거나 학술지의 논문 게재를 포기하였다는 사실이다. 신라후기와 관련된 다수의 연구자들이 외부의 압력으로 심적 곤경에 처하는 사태가 계속되고 있는 것은 유감스러운 일이다. 학문의 자유가 훼손되고 있기 때문이다. 학문적인 논의는 어디까지나 학문적인 규칙 속에서 이루어져야 한다. 따라서 처용사건의 역사적 해석 과정에서 제기된 문제들은 폭력적인 방식이 아니라 학문적인 담론의 형식으로 해결하려고 노력해야 할 것이다.

우리는 여기에서 신라 말기에 출현한 박씨왕가의 존재 사실 및 성격 규정에 대한 몇 가지 주장들을 살펴본 후에 처용사건과의 연관성을 정리할 것이다.

스에마쓰 야스가즈(末松保和), 「新羅三氏考」, 『新羅史の諸問題』, 東洋文庫 1954.

스에마쓰는 예겸이 박씨라는 것을 입증할 수 없다고 주장하였다. 사기 서식의 통례에 의하면 당시 관위로 기재한 사람은 거의 전부가 김씨임에 틀림이 없다는 것이다. 김부식 역시 신덕왕의 아버지를 예겸이라고 기술하였으나, 그가 박씨라고 하지는 않았다. 이 점에서 스에마쓰는 예겸이 김씨라고 간주한다. 그에 의하면 신덕왕의 성은 어머니를 따른 것이다.

이노우에 히데오(井上秀雄), 「新羅朴氏王系-骨品制の再檢討」, 『新羅史基礎研究』, 東出版 1974.
신덕왕은 본래 김씨였다고 주장한다. 그러나 중국의 동성불혼의식이 확산되고 있는 시점에서, 또한 신라를 중흥하려는 개혁의지를 표방하기 위하여 자신의 성씨를 김씨에서 박씨로 고쳤다고 주장하였다.

이종항, 「新羅의 下代에 있어서의 王種의 滅絶에 관하여」, 『法史學研究』 2, 1975.
신덕왕은 본래 박씨가문이지만, 골품상의 결함을 보완하기 위하여 모계 계보(아달라왕)를 앞세웠다고 주장한다. 신덕왕은 신라 골품제의 통념상 도저히 왕이 될 수 없는 경우에 속하며(사위가 왕위를 잇는 초기 신라의 관습을 고려하지 않은 것 같다), 이를 합법화하기 위해서는 여러 가지 조작이 필요했을 것이라고 보았다. 헌강왕의 서자 요의 등극은 진골 신분의 멸종을 뜻하며, 따라서 박씨로 왕권이 넘어가게 된 것이다(효종의 존재에 대한 설명은 없다). 『삼국유사』에는 예겸, 문원 등의 성씨가 불명인 상태로 나온다. 다만 『삼국유사』와 『삼국사기』 모두 신덕왕의 성을 박씨로 본 점에서는 공통적이라고 주장한다.

이종욱, 『新羅上代王位繼承研究』, 영남대학교출판부 1980.
신덕왕이 박씨이고 예겸이 신덕왕의 아버지라는 김부식의 기술을 인정하여 예겸을 박씨로 보고 박씨왕가의 존재 역시 인정하였다. 이 시기의 신라는 이미 국가로서의 존립기반이 무너졌기 때문에 박씨왕가가 들어서더라도 특별히 문제될 것은 없다고 보았다. 신라는 이미 국가로서의 기능을 잃었다는 것이다.

문경현, 「신라 박씨의 골품에 대하여」, 『역사교육논집』 13·14, 1990.
예겸이나 신덕왕 모두 김씨라고 보았다. 더 나아가서 신라시대에 박씨는 본래 왕족이나 왕비족이 아니었다고 주장한다. 왕비명에 붙인 진골 박씨는 왕비의 씨명이고 실제로는 김씨성이었다는 것이다. 하대의 3대 박씨왕들도 김씨라고 본다. 그는 『책부원구冊府元龜』라는 중국사서에 의존하여 신라 시조왕은 백제에서 건너온 김씨라고 주장하였다. 후대의 박씨왕가 역시 김씨라고 본다. 『구오대사舊五代史』(권30)와 『당서唐書』에 경명왕 승영昇英은 김박영金朴英으로 나온다. 문경현 교수는 이것이야말로 경명왕과 그의 부친 신덕왕의 성씨가 김씨라는 것을 입증한다고 보았다. 또한 『삼국사기』에서는 부계(예겸)가 아달라왕의 후손이고, 『삼국유사』는 모계(정화부인)가 그렇다는 것인데, 이 중에서도 특히 『삼국유사』는 예겸(의부)과 문원(친부) 모두가 김씨라는 것을 암시하고 있다고 해석하였다. 신덕왕은 효공왕의 매부(헌강왕의 사위)이자 처남(예겸의 딸이 효공왕의 왕비)이라는 이중적인 혼인관계에서 효종보다 우위에 섰으며, 경휘의 친가 외가 모두 김씨 성이었으므로 등극할 수 있었다고 보았다.

조범환, 「신라말 박씨왕의 등장과 그 정치적 성격」, 『역사학보』 96, 1991.

효공왕 시대에 경휘와 경쟁관계에 있었던 효종이 효공왕 6년에 계강의 후임으로 시중직에 발탁된 사실을 중시한다. 그러나 효공왕의 신하3)가 왕의 천첩을 살해한 사건으로 보아 효공왕의 죽음 또한 정상적인 것으로 보이지 않는다고 지적한다. 특히 예겸이 계강을 유인하여 신덕왕의 등극을 이끌어냈다고 주장하였다.

김창겸, 『신라 하대 왕위계승 연구』, 경인문화사 2003.

일연스님의 사료를 받아들여서 신덕왕의 의부인 예겸을 김씨라고 단정한다. 동시에 김부식의 기술을 존중하여, 예겸이 문원의 아들 경휘를 아들로 삼아서 신라 후대의 박씨왕가를 일으킨 것으로 보고 있다.

박인희, 「처용의 실체와 처용가」, 『語文硏究』, 32-4, 2004.

예겸과 경휘 모두 박씨라고 보았다. 또한 그는 『삼국유사』 왕력편에서 일연스님의 기술을 바탕으로 처용, 처용부인, 역신을 각각 문원, 정화부인, 예겸으로 대입하여 설명하고 있다. 일연스님이 『삼국유사』 왕력편에서 신덕왕의 두 아버지, 즉 문원과 예겸이 정화부인과 관계했다는 기록은 처용 사건과 유비적인 연관성을 가진 유일한 문헌 자료이다. 이로써 처용-문원, 예겸-역신설이 제시되었다. 김부식의 기록에 의하면 예겸은 신덕왕의 부친이지만, 일연의 기록에 의하면 신덕왕의 의부인 것이다. 박인희

3) 왕비 박씨의 조카이자 예겸의 손자인 은영으로 알려지고 있다. 박영규, 『신라실록』, 웅진지식하우스 2001, 444쪽 이하.

교수는 문원과 예겸 모두 박씨이고, 처용사건 이후 힘을 합하여 왕권을 창출한 것으로 해석하였다.

이명식, 「신라말 박씨왕대의 전개와 몰락」, 『대구사학』 83, 2006.

박씨왕가의 존재를 인정하였다. 신덕왕의 등극은 국인추대의 형식에 의한 것이다. 그러나 이것은 골품제의 종말을 뜻하기도 한다. 신덕왕의 등극과 경명왕으로의 후계가 가능했던 것은 김씨 왕족의 다수가 박씨왕권에 협조했기 때문이라고 보았다. 그러나 박씨왕가에 반발한 김씨세력들이 견훤과 내통하여 포석정 사태를 유발하였다는 것이다.

권덕영, 「신라 하대 박씨 왕가의 의문」, 한국고대사학회 2007년 5월 12일 발표문.

신라 하대 박씨왕가의 실존을 부정한다. 고려 건국자들이 신덕왕계의 혈통을 조작하여 박씨로 규정함으로써, 신라의 정통성을 부정할 목적으로 조작한 것이라고 주장하였다. 왕권강화에 치중한 고려 광종 시대의 『구삼국사』에서 이런 조작이 이루어져서 김부식의 『삼국사기』에 영향을 주었다는 것이다.

처용논쟁이나 신라 후기 박씨왕가의 출현과 관련하여 예겸이라는 인물은 매우 중요한 의미를 갖는다. 박씨문중의 세보에는 예겸이라는 분이 중시조 경명왕의 조부로서 추앙의 대상이 되고 있다. 이 이야기를 필자는 박종해로부터 직접 들었다.[4] 예겸은

4) 2007년 7월 25일, 울산시 남구청 부근의 한 식당에서 처음 들었다. 이

헌강왕의 초대 시중을 지내다가 경질되었으나 왕권의 배후에서 막강한 권력을 행사했던 인물이다. 거의 모든 박씨의 가계들은 신덕왕의 아들 경명왕으로부터 새롭게 출발하는데, 그의 조부가 바로 예겸인 것이다. 그런데 김부식은 신덕왕의 아버지를 예겸이라고 기록하였으나, 일연스님은 예겸은 신덕왕의 의부이고 친부는 문원이라고 기록함으로써, 오늘의 이 논란의 발단이 되었다. 예겸의 지위가 무너지게 되면 신덕왕에서 경명왕으로 연결되는 박씨문중의 계보가 흔들리게 되는 사태가 생겨날 수 있는 것이다.

그런데 학계에서는 오래 전부터 예겸의 성씨에 대한 논쟁이 계속되어 왔다. 학문적으로 예겸의 성씨가 김씨인지 박씨인지는 아직도 논란 중에 있다. 관련 자료가 추가로 발굴되지 않을 경우에는 미제로 남을 가능성도 크다. 예겸의 성씨에 대한 학설은 크게 두 가지로 갈리고 있다. 일본학자들과 김창겸 박사는 예겸이 헌강왕대에 시중을 지낸 인물이라는 사실에서 김씨일 가능성에 무게를 두고 있다. 신라왕실은 김씨 족벌체제였으므로 김씨 혈족이 아닌 경우에 그런 중책을 맡을 수 없다는 것이다. 반대로 이종욱 교수는 예겸이 박씨 성을 가진 신덕왕 경휘의 아버지이기 때문에 당연히 박씨일 것이라고 주장한다. 그러나 김부식은 예겸이 신덕왕의 아버지라고는 하였으나 박씨라고 기술하지는 않았다. 신덕왕이 정치적인 이유에서 성을 바꾸었을 가능성도 있기 때문이다. 따라서 예겸이 신덕왕의 아버지라는 이유만으로 박씨라고 단정하기에는 아직 이르다. 예겸이 김씨일 경우에는 신덕왕도 김씨가 될 수 있다. 만일 예겸이 김씨이고 경휘가 예겸

책의 67쪽을 참조하라.

의 친자일 경우에는 신덕왕과 경명왕과 경애왕으로 이어지는 박씨왕가는 사실상 김씨왕가에 다름 아니다. 그리고 그 후대의 모든 박씨들의 성씨마저 바뀌게 되는 상황이 생겨날 수 있다. 이것이 바로 신라사학계에서 아직 정리되지 않고 있는 박씨왕가의 실존 여부에 대한 논란의 내용이다. 그런데 이번에는 처용문화제의 명칭폐지를 논의하는 과정에서 예겸이 처용부인을 탐했던 역신이라는 주장이 공론화되어서 당혹스러웠을 것이고, 바로 그 때문에 박종해가 그토록 모질고 거칠게 처신했을 것이라고 이해할 수 있다.

그러나 이것은 어디까지나 학술적인 문제이다. 학문적인 담론공간 속에서는 모든 가능한 가설들이 자유롭게 경쟁할 수 있어야 한다. 예겸이 박씨문중의 세보에 올려져 있다 하더라도 그의 성씨 자체는 학술적으로 논쟁 중에 있다. 어떤 특정인을 문중의 조상으로 섬길 것인가의 문제는 어디까지나 그 문중에서 결정할 일이다. 그러나 그 때문에 문중의 이해 방향과 부합되지 않는 학술적인 논의를 방해하는 것은 적절한 처사가 아니다. 박씨문중에서 예겸을 중시조의 조부로 섬기더라도, 그가 박씨였으며, 신덕왕 경휘의 친부였는가의 문제는 아직 그대로 남아 있다. 김부식과 일연의 사료 중에서 어떤 것이 참인 가를 가려내야 하고, 예겸이 신덕왕의 친부인지 의부인지를 가려내야 하는 것이다. 예겸이 신덕왕의 친부라면 현재 박씨문중의 세보는 정당성을 갖게 될 것이지만, 그가 의부라면 적어도 혈통 상으로는 예겸과 무관하다는 사실이 확정될 것이다.

이러한 사정을 감안할 경우에 처용문화제의 명칭변경 논란의 와중에서 예겸이라는 인물이 다시 부각되자 박종해로서는 곤란했을지도 모른다. 그러나 공인으로서 사태를 냉철하게 보았다면 그같은 실수는 저지르지 않았을 것이다. 처용문화제야 어찌되건 상관이 없으나 박씨문중의 명예를 훼손한 부분에 대해서는 끝까지 책임을 묻겠다는 그의 언사는 울산시의 문화계 수장으로서의 양식을 일탈한 것이었다. 도발적이고 무책임하기조차 했다. 그는 처용문화제를 위하여 선임된 공인이었다. 따라서 그는 처용문화제를 먼저 생각했어야 옳았고, 그것이 울산시민의 명예를 손상시키는 일이 없는 가를 먼저 살펴야 마땅하였다. 처용문화제는 그 자신이나 그가 속한 문중의 명예를 지키기 위한 행사가 아니다. 처용논쟁 과정에서 그가 자신의 문중과 관련된 부분을 인지하게 되었다면, 이 사태가 객관적으로 처리될 수 있도록 스스로 공직에서 물러났어야 마땅한 일이었다. 그러나 그는 그렇게 행동하지 않았다. 그는 울산시민이나 처용문화제보다는 자신과 그 문중의 명예를 우선시 하였다. 문중인사들을 앞세워 공론의 장을 어지럽혔던 그가 이번에 또 다시 처용문화제추진위원장직을 맡은 것이다. 이해할 수 없는 일이다.

처용문화제, 박종해, 예겸, 신덕왕, 박씨왕가, 그리고 박종해의 재임은 결코 우연한 일들이 아닌 것 같다. 박종해와 박씨문중이 처용문화제에 집착하는 것은 처용사건이 예겸이라는 인물을 중심으로 이루어진 박씨왕가의 복원과 밀접하게 연관되어 있기 때문인가? 그들의 주장대로 예겸이 박씨이고 신덕왕의 친부라면 처용문화제는 결국 박씨왕가의 성립을 기념하는 축제가 되는 것은 아닌가?

그러나 또한 묻고 싶다. 처용설화가 박씨왕가의 성립에 결정적인 역할을 했던 예겸의 러브스토리를 노래한 것이 사실이라면, 박종해와 박씨문중 인사들은 무엇을 그렇게 수치스럽다고 생각하여 격분하고 있는가? 필자는 처용설화가 신라왕실의 성문화를 가장 적나라하게 표현한 작품이고, 일연스님의 편집의도 역시 국가를 멸망으로 이끌어간 탐락자심을 고발하려는 데 있었다고 주장하였다. 그런데 왜 박종해는 예겸역신설에만 집착하여 수치스럽다고 여기는지 이해할 수가 없다.

2007년 12월 3일 심포지엄에서, 양명학(울산대학교 명예교수)은 성서에 다말이 시아버지인 유다와 상관한 일을 거론하면서 처용문화제를 정당화하려고 한 적이 있다. 틀림이 없는 사실이다. 성서에는 그보다 더한 사실도 있다. 롯의 딸들이 아버지와 상관하여 자식을 낳았던 일도 있고, 다윗왕은 자신의 부하를 죽음으로 내몰고 그의 아내 밧세바를 취하여 솔로몬을 낳기도 하였다. 그로 인하여 다윗은 평생을 회한 속에서 보내야 했다. 그러나 분명히 알아야 할 것이 있다. 기독교인들은 다윗의 수치와 유다의 수치를 축제로 기념하지는 않는다. 물론 국치일도 기념할 수는 있을 것이다. 그러나 그것은 어디까지나 그런 일을 더 이상 되풀이하지 말자는 의미가 담겨져 있다. 그런데 처용문화제는 간통과 불륜 사건을 해마다 축제로 기념하는 것이다. 따라서 박종해를 비롯한 박씨문중 인사들이 진정으로 가문의 명예를 중시한다면 하루 빨리 처용축제를 울산의 대표축제로 기념하는 일이 없도록 나서야 할 것이다. 그것이 온당하다고 생각하지 않는가?

여기에서 박종해가 생각하지 못한 사실들이 있다. 처용논란에서 예겸역신설을 처음으로 제기한 박인희나 그 학설을 타당하다고 지지한 필자가 과연 박씨문중의 명예를 모독하였는가라는 점이다. 그것은 전혀 사실과 다르다. 그 이유를 살펴보자.

첫째로 예겸이라는 인물이 박씨문중의 세보에 올라와 있고, 그가 비록 박씨문중의 조상으로 숭배되고 있다 하더라도, 그 사실만으로 학계의 논의 자체를 막을 수 없다는 점이다. 예겸의 성씨에 대한 문제는 오래 전부터 신라사학계에서 논쟁의 대상이 되어왔으며, 지금까지 어떤 확정적인 결론도 나온 것이 없다. 따라서 학술적으로 예겸의 소속 가문은 불확정적이다. 여전히 논쟁 중이다. 특히 대다수의 족보는 조선조 후기에 만들어졌으며, 그것을 학술적 근거자료로 주장할 수 없는 한계를 안고 있다. 실제로 예겸이 살았던 시대에는 성씨의 개념이 희박하였으며, 대다수의 사람들은 성씨를 가지고 있지도 않았다. 예겸의 일로 박씨문중을 모독했다고 주장할 수 있기 위해서는 그가 박씨문중의 일원이라는 사실이 학문적으로 입증되어야 할 것이다. 따라서 예겸에 대한 학술적 주장을 근거로 하여 문중의 명예훼손 운운하는 것은 상식에 어긋나는 처사이다.

둘째로 처용설화의 역사학적, 철학적 해석과 관련하여 설화적인 내용들과 가장 일치하는 역사적 사건이나 기록을 찾아나서는 것은 가장 기본적이고 일반적인 연구태도이다. 따라서 처용가의 불륜적 내용과 근접한 역사 기록을 찾는 것은 상식적인 일이다. 박인희는 일연스님의 기록에서 헌강왕 때 시중을 지냈던 예겸이 신덕왕 경휘의 의부라는 사실을 발견하였으며, 그 사실을 바탕으로 문원-처용, 예겸-역신설을 주장하게 된 것이다. 그러나 이러한 논의 내용들은 어디까지나 학문적인 영역에서 얻어진 탐구의 결과이지 특정 문중의 처지를 곤란하게 할 목적으로 의도된 것이 아니다. 따라서 처용연구에서 얻어진 성과나 학설이 특정 문중의 이해와 부합되지 않는다는 이유에서 명예를 손상시켰다고 비난하는 것은 온당한 처사가 아니며, 그러한 압박이 오히려 헌법정신에 반하는 처사이고 학문의 자유를 훼손하는 폭거인 것이다.

셋째로 학술적인 논의 과정에서 제기된 문제에 대하여 해당 공직자가 이해를 도모하는 것은 부적절하다. 특히 역사적으로 정리되지 않은 문제나 상식적인 수준에서 납득될 수 없는 일인 경우에는 더욱 그렇다. 이러한 문제들은 주관적인 모든 이해관계를 넘어서서 객관적으로 보다 공정하게 접근할 필요가 있다. 매국, 비리, 부정 등 비윤리적 행위와 관련된 학문적 논의결과에 대하여 이해당사자가 이의를 제기하거나 무력화하려는 시도는 용납될 수 없으며 비판 받아야 마땅하다. 처용설화의 새로운 해석을 시도하는 학문적 논의 과정에서 예겸이라는 역사적 인물에 포커스가 집중되었고, 그것이 처용문화제추진위원장이라는 공직을 맡고 있는 박종해 자신이나 그가 속한 문중의 이해관계와 연관된 문제라고 인식했다면, 그 스스로 공직에서 물러났어야 마땅하였다. 그러나 그는 자신의 직위를 유지한 상태에서 필자를 공개적으로 비난했을 뿐만 아니라 그 문중으로 하여금 규탄하도록 종용하였다. 더구나 임기가 끝난 후에도 또 다시 그 직책을 유지하는 일이 벌어졌다. 이는 공직자로서의 기본을 망각한 매우 잘못된 처사임이 분명하다.

울산의 역사에는 처용사건이 아니더라도 박씨문중과 얽힌 이야기들이 많다. 만고충신 박제상과 항일애국투사 박상진의 이야기가 바로 그것이다. 기왕에 문중의 이름을 빛내고자 한다면 간통, 불륜, 야합으로 점철된 처용 이야기보다는 박제상과 박상진의 이야기에 비중을 실어달라는 것이다. 그것이 가문의 명예나 울산시민들의 자긍심을 위해서도 현명한 선택이기 때문이다. 처용축제를 굳이 울산의 얼굴이자 대표축제로 삼아야 할 이유는 없다. 그것은 학술제나 예술제 등의 전문축제로 발전시키는 것으로 족하다. 울산을 사랑한다면, 진정으로 울산시민들을 생각한다면, 우리들 모두가 자랑스럽게 여길 수 있는 아름답고 건강한 가치를 발굴하여 울산의 대표축제를 새롭게 단장할 수 있도록 헌신해야 할 것이다. (2008.05.07)

참고문헌

Bloch, Ernst: *Atheismus im Christentum*. Suhrkamp, Frankfurt 1968.

Bloch, Ernst: *Das Prinzip Hoffnung*. Suhrkamp, Frankfurt 1959.

Bultmann, Rudolf: *Das Problem der Hermeneutik*, in: Zeitschrift für Theologie und Kirche 1950, S. 47-69, danach: Bultmann, Rudolf: *Glauben und Verstehen. Gesammelte Aufsätze.* Bd. II, Tübingen 1952, 1965.

Bultmann, Rudolf: *Die christliche Hoffnung und das Problem der Entmythologisierung* (1954), in: Bultmann, Rudolf: *Neues Testament und christliche Existenz*. Tübingen 2002.

Bultmann, Rudolf: *New Testament & Mythology and other basic writings.* Philadelphia 1984.

Bultmann, Rudolf: *Zum Problem der Entmythologisierung*(1963), in: Bultmann, Rudolf: *Neues Testament und christliche Existenz*. Tübingen 2002.

Eliade, Mircea: *Myth and reality*. Harper & Row, New York 1963.

Eliade, Mircea: *The myth of the eternal return or, Cosmos and history*. Princeton University Press 1971, 1954.

Eliade, Mircea: *The quest; history and meaning in religion*. University of Chicago Press 1969.

Hübner, Kurt: *Die Wahrheit des Mythos.* München 1985.
Hübner, Kurt: *Kritik der wissenschaftlichen Vernunft.* München 2002.
Rank, Otto: *In quest of the hero*. Princeton University Press 1990.

강헌규, 「'처용'의 어의고」, 『처용연구전집』 I, 역락 2005.
권덕영, 「신라 하대 박씨 왕가의 의문」, 한국고대사학회 2007년 5월 12일 발표문.
김경수, 「'처용랑 망해사' 설화의 구조와 그 해석」, 『처용연구전집』 II, 문학 1, 역락 2005.
김경수, 「처용가의 연구사적 검토」, 『처용연구전집』 IV, 역락 2005.
김기흥, 「桃花女・鼻荊郞 설화의 역사적 진실」, 『한국사론』 41, 서울대학교 국사학과 1999, 『천년의 왕국 신라』, 창작과비평사 2000, 275-297.
김기흥, 「신라 처용설화의 역사적 진실」, 『처용연구전집』 IV, 역락 2005.
김난주, 『융 심리학의 관점으로 본 한국의 신화』, 집문당 2007.
김대문, 『화랑세기』, 박창화 필사본, 이종욱 역주해, 소나무 2005.
김동욱, 「처용가 연구」, 『처용연구전집』 III, 역락 2005.
김별아, 『미실』, 문이당 2005.
김부식, 『삼국사기』, 이병도 역주, 을유문화사 1997.
김승찬, 「처용가 소고」, 『처용연구전집』 III, 역락 2005.
김승찬, 「처용설화와 그 가요의 연구」, 『한국문학논총』, Vol.4, 1981, 『처용연구전집』 II, 문학 1, 역락 2005.
김영수, 「처용가 연구의 종합적 검토」, 『처용연구전집』 IV, 역락 2005.
김정희, 「신라하대사회와 '처용가'의 성격」, 『처용연구전집』 II, 문학 2, 역락 2005.

김진, 『처용설화의 해석학』, 울산대학교출판부 2007.
김창겸, 『신라 하대 왕위계승 연구』, 경인문화사 2003.
김학성, 「'처용가'와 관련설화의 생성기반과 의미」, 『처용연구전집』 II, 문학 2, 역락 2005.
김학성, 「처용설화의 서술구조와 '처용가'의 성격」, 『처용연구전집』 II, 문학 1, 역락 2005.
김학성, 「처용설화의 형성과 변이과정」, 『한국민속학』, Vol.10 No.1, 1977, 『처용연구전집』 II, 문학 1, 역락 2005.
김학성, 「처용전승의 설화 중심 문학적 연구사」, 『처용연구전집』 II, 역락 2005.
김학성, 「처용전승의 연구사 및 종합적・역사적 연구의 검토」, 『처용연구전집』 IV, 역락 2005.
문경현, 「신라 박씨의 골품에 대하여」, 『역사교육논집』 13・14, 1990.
박노준, 「처용가」, 『처용연구전집』 II, 역락 2005.
박영규, 『한권으로 읽는 신라왕조실록』, 웅진지식하우스 2007.
박인희, 「처용의 실체와 처용가」, 『語文硏究』, Vol.32 No.4, 2004, 『처용연구전집』 IV, 역락 2005.
베벨, 아우구스트, 『여성론』, 이순예 역, 까치 1987.
불트만, 『성서의 실존론적 이해』, 유동식 역, 신양사 1969.
불트만, 『예수 그리스도와 신화』, 이동영 역, 한국로고스연구원 1994.
송효섭, 『설화의 기호학』, 서울: 민음사 1999.
슈미탈스, 발터, 『불트만의 실존론적 신학』, 변선환 역, 대한기독교출판사 1983.
스에마쓰 야스가즈(末松保和), 「新羅三氏考」, 『新羅史の諸問題』, 東洋文庫 1954.
아도르노, 호르크하이머, 『계몽의 변증법』, 문예출판사 1995.

양명학, 「처용 · 처용설화 · 처용가」, 『처용연구전집』 II, 문학 1, 역락 2005.
양주동, 「처용가」, 『처용연구전집』 I, 역락 2005.
嚴元大, 「處容에 關한 綜合的 考察」, 『國語國文學硏究』, Vol. 3, 1976.
유기종, 「불트만의 비신화론과 종말론」, 『신학논단』, Vol. 4, 1958.
윤영옥, 「처용가」, 『처용연구전집』 IV, 역락 2005.
윤철호, 「불트만의 성서해석학」, 『해석학과 윤리』, Vol.1 No.-, 1997.
이기문, 「향가 해독의 방법」, 『처용연구전집』 I, 역락 2005.
이기백, 「三國遺事 紀異篇의 고찰」, 『신라문화』 1, 동국대학교 신라문화연구소, 18-25쪽.
이노우에 히데오(井上秀雄), 「新羅朴氏王系-骨品制の再檢討」, 『新羅史基礎硏究』, 東出版 1974.
이도흠, 「처용가의 화쟁기호학적 연구」, 『처용연구전집』 II, 문학 2, 역락 2005.
이명식, 「신라말 박씨왕대의 전개와 몰락」, 『대구사학』 83, 2006.
이연숙, 「신라 처용설화의 생성배경에 관한 연구」, 『韓國文學論叢』, Vol.32, 2002.
이용범, 「처용설화의 일고찰」, 『진단학보』, Vol.- No.32, 1969, 『처용연구전집』 IV, 역락 2005.
이용범, 「처용설화의 종합적 고찰, 역사학적 접근」, 『처용연구전집』 IV, 역락 2005.
이우성, 「삼국유사소재 처용설화의 일분석」, 『처용연구전집』 IV, 역락 2005.
이유수, 「헌강왕 순행과 망해사 · 처용랑」, 『처용연구전집』 IV, 역락 2005.
이종욱, 『색공지신 미실』, 푸른역사 2005.

이종욱, 『新羅上代王位繼承研究』, 영남대학교출판부 1980.
이종욱, 『신라의 역사』, 김영사 2002.
이종욱, 『화랑세기로 본 신라인 이야기』, 김영사 2000.
이종항, 「新羅의 下代에 있어서의 王種의 滅絶에 관하여」, 『法史學研究』 2, 1975.
일연, 『삼국유사』, 김원중 역, 을유문화사 2002.
일연, 『삼국유사』, 이민수 역, 을유문화사 1998.
정상균, 「처용 · 처용가연구」, 『처용연구전집』 III, 역락 2005.
정수일, 「아랍-무슬림들의 신라내왕과 처용」, 『처용연구전집』 IV, 역락 2005.
정수일, 『고대문명교류사』, 사계절출판사 2001.
정수일, 『문명교류사연구』, 사계절출판사 2002.
정수일, 『한국속의 세계』, 창작과비평사 2005.
조범환, 「신라말 박씨왕의 등장과 그 정치적 성격」, 『역사학보』 96, 1991.
조수학, 「'처용랑 망해사'의 조짐성」, 『韓民族語文學』, Vol. 25, 1994, 『처용연구전집』 III, 역락 2005.
처용간행위원회 편, 『처용연구전집』, 1-7권, 도서출판 역락 2005.
콕스, 하비, 『바보제』, 현대사상사 1992.
퍼거슨, 데이비드, 『불트만』, 전성용 역, 대한기독교서회 2000.
헌팅턴, 새뮤얼, 『문화가 중요하다』, 김영사 2001.
현용준, 「처용설화고」, 『처용연구전집』 III, 역락 2005.
호이징하, 『문화사의 과제』, 아모르문디 2006.
호이징하, 『중세의 가을』, 문학과지성사 1997.
호이징하, 『호모 루덴스』, 까치 1997.
황패강, 「'處容歌' 考」, 『처용연구전집』 II, 문학 1, 역락 2005.
휘브너, 쿠르트: 『신화의 진실』, 이규영 역, 민음사 1991.
『조선왕조실록』

지은이 : 김 진(金 珍)

울산대학교 철학과 교수. 독일 루어대학(보쿰) 철학박사
e-mail: *jinkim@mail.ulsan.ac.kr*

독일 루어-대학(보쿰)에서 철학, 기독교 윤리학, 한국학을 연구하였으며 리챠드 쉐플러(Richard Schaeffler) 교수의 지도 아래 철학박사 학위를 취득하였다. 1989년 이후 울산대학교 철학과 교수로 재직하고 있으며, 1992년부터 10년 동안 울산대학교 출판부장, 1991년부터 한국칸트학회, 철학연구회, 한국철학회, 대한철학회, 범한철학회, 새한철학회, 니체학회 등에서 부회장, 이사, 편집위원 등을 역임하였으며, 2000년 울산시 문화상(학술I부문)을 수상하였다.

저서로는 *Kants Postulatenlehre* (Peterlang, Frankfurt 1988), 『철학의 현실문제들』(철학과현실사 1994), 『칼 마르크스와 희랍철학』(1990, 1998), 『철학의 현실문제들』(1994), 『종교문화의 이해』, 『아펠과 철학의 변형』(1998), 『칸트 · 순수한 이성의 한계 안에서의 종교』, 『선험철학과 요청주의』(1999), 『살고있는 순간의 어두움』(1999, 2001), 『칸트와 불교』(2000, 2004), 『칸트와 생태사상』, 『퓌지스와 존재사유』(2003), 『무아윤회 논쟁』, 『라이프니츠, 헤겔, 쇼펜하우어와 불교』, 『니체와 불교적 사유』, 『하이데거와 불교』, 『화이트헤드와 화엄형이상학』(2004), 『동성애의 배려윤리적 고찰』, 『칸트와 세계관의 철학』, 『하느님의 길』, 『최고선과 요청주의』(2005), 『믿음 사랑 희망에 대하여』, 『에른스트 블로흐와 희망의 원리』(2006), 『울산의 정치문화에 대하여』, 『사회정의와 문화정체성에 대하여』, 『한국 정치현실의 철학적 성찰』, 『페미니즘 윤리학』, 『처용설화의 해석학』(2007), 『종교란 무엇인가』, 『생각하는 삶』(2008) 외 다수가 있다.

역서로는 토마스 아퀴나스의 『존재자와 본질에 대하여』(서광사 1995)와 리챠드 쉐플러의 『역사철학』(철학과현실사 1997) 등이 있으며, 『공학윤리』(철학과현실사 2003)와 『한의 학제적 연구』(철학과현실사 2004), *Wahrheit und Erfahrung* (Würzburg 2004) 등 다수의 공저와 논문들이 있다. 주요 연구 분야는 칸트 및 현대 독일철학, 종교 및 희망철학, 생태존재론, 역사·문화철학 등이며, 최근에는 심리사상에 대한 관심을 넓히고 있다.